나의 신앙유산답사기

전 남 편

에셀나무

나의 신앙유산답사기
전남편

지 은 이 황규학
초판 발행 2021년 2월 10일

펴 낸 곳 에셀나무
디 자 인 에셀나무
등   록 제 2020-000064호
주   소 서울 송파구 양산로8길 4, A상가 207호
전   화 02-423-4131 / 010-6642-4131
팩   스 02-423-4138
I S B N 979-11-970460-2-5
한 권 값 18,000원

이 책을
예수 그리스도를 위하여
핍박과 고난을 당하며
이 땅에 복음을 전한
선교사들과 순교자들에게 바칩니다.

　세계의 역사를 어느 관점으로 보느냐? 하는 것은 참 중요합니다. 역사는 사람에 의해 이루어지는 것 같지만, 역사는 사람이 아니라 하나님에 의해 이루어집니다. 우리는 인간의 역사를 공부하지만, 사실 그것은 하나님의 역사입니다. 우리는 영웅들을 중심으로 역사를 기록하지만, 역사는 하나님에 의해서 움직이고, 하나님의 사람들에 의해서 움직입니다. 사람이 계획을 할지라도, 그 계획을 이루시는 분은 하나님이십니다.

　하나님이 정하신 일들을 이루어 가시는 과정에서 하나님은 사람들을 사용하십니다. 따라서 하나님께서 역사를 만들어 가시는 과정에 하나님의 마음에 합한 사람이 되어 하나님께 순종하여 역사의 중심에 서서 귀하게 쓰임 받는 사람이 된다면 우리는 하나님의 역사에 참여하는 것이 됩니다.

　이번에 '나의 신앙유산답사기 전북편'에 이어 '전남편'이 다시 출간된 것에 대해 기쁘게 생각합니다. 진작 이러한 책을 써야 했는데 비호남 출신이 이 책을 출간하게 되어 한편 부끄럽기도 하고, 다른 한편으로 다행으로 생각합니다.

　이번 책은 단지 단선적인 교회사나 선교사들의 행적을 기술하는 것이 아니라 일반사와 교회사를 연결한 것이 나름대로 의미 있어 보입니다. 당시의 사건 속에서 선교사들의 역할을 기술하기 때문에 그들의 사역이 얼마나 귀중했는지 다시 알 수 있는 계기를 만들어 주고 있습니다.

이 책은 우리나라 근대사를 흔들었던, 갑신정변, 을미사변, 동학농민운동, 나주 학생독립운동, 3.1운동, 6.25 사변, 여순사건, 제주 4.3사건, 5.18 광주민주항쟁, 김대중 납치사건, 코로나 19까지 언급하여 그 이면에 하나님의 손길인 구속사가 흐르고 있다는 것을 보여주고 있습니다.

한민족의 역사를 볼 때, 제국주의와 이념, 독재의 노예가 된 사람들은 자신의 반대편에 있는 사람들을 정적으로 판단하고, 죽이는 쪽으로 역사를 써 내려갔던 반면, 예수그리스도의 종이 된 선교사들과 교회는 이념과 제국주의를 초월하여 살리는 쪽으로 역사를 써 내려갔습니다.

결국, 사람을 죽이는 일제의 제국주의, 이념주의, 총칼을 토대로 한 독재주의는 사라졌지만, 예수의 십자가를 통한 개신교는 학교와 병원, 교회를 세워 지금까지도 살아 움직이고 있습니다. 한국의 교회는 반제국주의, 반이념주의, 반독재주의를 채택하여 인권을 중시하고, 약자를 도와주고, 근대화를 일깨워 대한민국이 선진국가로 도약할 수 있도록 살리는 역할을 하였습니다.

그러는 의미에서 호남인들이라면 반드시 읽어야 할 책입니다. 해외의 선교사들과 한국의 기독교인들도 호남에 오신 선교사들이 얼마나 귀한 사역을 하였는지, 당시의 사건 속에서 예수는 여전히 우리나라를 얼마나 사랑하는지를 읽을 필요가 있다고 생각합니다. 이 책은 선교사들의 호남 행전을 보여준 신앙답사기입니다.

신정호 목사
대한예수교장로회 105회 총회장

저는 남원에서 태어나 군산에서 고등학교를 다녔습니다. 그것도 미국 남장로교 전킨 선교사가 세운 군산제일고등학교(전 영명학원)에 다니며 신앙생활을 했습니다. 군산은 저의 영혼의 포구요, 벧엘과 같은 곳입니다. 전라북도의 선교는 군산에서부터 시작했다고 할 수 있습니다. 그리고 전주로 가게 되었습니다. 이러한 전라북도 선교 역사를 쓰신 이후에 황규학 박사님께서는 이번에 전라남도 선교 역사를 쓰셨습니다.

저는 군산제일고등학교를 졸업하기도 전에 예수 믿고 신학교를 간다고 집에서 쫓겨났습니다. 그 이후로 광주로 갔습니다. 거기서 박종삼 목사님과 정규오 목사님을 만나게 된 것입니다. 그 분들은 대쪽신앙으로 유명한 분들입니다. 오죽하면 평양신학교에서 51인 신앙동지회를 만들어서 신학교 때부터 자유주의 신학과 싸웠겠습니까?

특별히 정규오 목사님께서 대쪽신앙을 갖게 되신 것은 남장로교 선교사들의 영향이 컸습니다. 정규오 목사님은 어린 시절 미국 남장로교의 지원을 받아 김성국 장로가 전남 나주군 다도면에 세운 방산교회를 다녔기 때문입니다.

미 남장로교 선교사들의 영향을 받은 호남의 미션스쿨들은 끝까지 신사참배를 거부하며 자진 폐교를 하면서까지 신앙의 절개와 지조를 지켰습니다. 그래서 수피아여고에서 윤형숙 열사와 같은 위대한 독립운동가요, 신앙인들이 나오게 된 것입니다. 저는 군산제일고등학교를 졸업하고 하나님께서 광주신학교(현 광신대학교)로 가게 하셨습니다. 이것이야 말로 하나님의 절대섭리요, 인도하심이라고 생각합니다.

하나님께서 유진벨, 포사이트, 셰핑, 오웬 선교사와 같은 분들의 신앙의 얼과 순교적 정신이 배어 있는 광주에서 신학공부를 하고 한동안 전라남도 지역에서 사역을 하게 하신 것은 가장 큰 축복이라고 생각합니다. 호남은 일사각오의 신앙으로 피와 땀과 눈물을 쏟은 선교사와 순교자를 가장 많이 배출한 곳입니다. 오늘날도 제 가슴속에 일사각오 신앙의 얼이 남아 있습니다. 그래서 지금까지 한국교회 생태계를 지키고 연합과 세움 사역에 앞장서고 있습니다.

저는 호남선교에 관한 몇 권의 책을 보았지만 이 책을 읽고 지금까지 몰랐던 많은 부분을 알게 되었습니다. 호남 사람이 쓴 것도 아니고 호남과 전혀 상관이 없는 황규학 박사님이 이런 책을 쓰게 된 것이 얼마나 감사한지 알 수 없습니다. 황 박사님은 일찍이 서울대학교를 졸업하시고 훗날 법학을 전공하여 법학박사가 되신 분입니다. 역사학자도 아닌 분이 호남의 기독교 역사에 관심을 가지고 책을 두 권이나 낸 것은 너무 감사하지 않을 수 없습니다.

앞으로 마땅히 호남기독교연합회에서 상을 주고 감사패를 드려야 할 일입니다. 이 책의 출간을 진심으로 축하하며 호남의 구석구석을 다니면서 호남 기독교 역사를 저술하신 황규학 박사님께 감사를 드립니다. 전라남도에 심겨진 수많은 선교사와 순교자들의 신앙을 계속 이어가고 호남인들에 의해서 대한민국의 복음화가 앞당겨지기를 바랍니다.

솔리 데오 글로리아(Soli Deo Gloria)!

소강석 목사(새에덴교회, 대한예수교장로회 105회 합동 총회장)

"若無湖南是無國家(호남이 없다면 국가가 없다)"

일찍이 이순신 장군이 호남의 중요성을 강조하신 말씀입니다. 그러나 호남은 역사 이래로 이 땅의 갈릴리로서 수많은 박해와 서러움 속에서 살아왔습니다. 보훈처의 전국 시·군·읍·면 전수조사에 따르면 일제 강점기에도 독립운동을 하다가 투옥된 인사가 전체 5,323명 중 광주·전남지역이 거의 절반에 가까운 1,985명에 이를 정도로 애국애족을 하였습니다.

그런데 군사독재정권 아래서는 극심한 지역 차별과 불균형 발전이 계속되어 많은 서러움을 겪어야 했습니다. 더욱 가슴이 아픈 것은 이러한 지역 차별이 교계에까지 이르게 되어 지방출신 목회자들이 수도권 교회에서 목회하기가 참으로 어려운 현실입니다.

이러한 때에 호남과 아무런 연고도 없는 황규학 박사가 호남출신 목사들이 해야 할 일을 대신하여 호남지역의 선교역사를 연구하여 책을 낸 것은 모든 이해관계를 다 떠나 호남출신 목사의 한 사람으로서 깊은 감사의 마음과 함께 큰 빚을 진 느낌입니다.

간절히 바라옵기는 황 박사의 이 놀라운 호남지역 선교역사에 대한 연구가 밑거름이 되어 더욱 깊은 호남 선교사의 연구와 더불어 지난 날 선조들의 순교적 선교의 신앙이 후대에 이르러 더욱 뜨겁게 응답되고 열매 맺기를 간절히 기원하며 기쁨으로 추천하는 바입니다.

김의식 목사
대한예수교장로회 102, 103회 총회서기 / 치유하는교회

너희 속에 착한 일을 시작하신 이가
그리스도 예수의 날까지 이루실 줄을
우리가 확신하노라
(빌1:6)

차 례

나의 신앙유산답사기는 한국에 온 선교사들을 통한 예수의 행전을 기록하는 책이다. 지금까지 선교사들에 대한 교회사가나 선교학자들의 주옥같은 글들이 많이 있었다. 그러나 일반사와 교회사를 연결하거나 접목한 사례는 많지 않다.

일반 역사학자들은 아예 기독교나 교회사에 대해서 비중을 두지 않았고, 교회사가들 역시 일반 역사와 상호 연결시키는 것보다 교회사만 기록한 것이 사실이다. 그러나 교회사나 구속사나 모두 일반 사건 현장 안에서 발생하였다.

그래서 이 책은 전라남도의 사건에서 선교사들이 어떻게 사역을 했는지에 관심을 갖는다. 당시의 사건 속에서 선교사들과 교회의 행적을 추구한다. 나의 신앙유산답사기 전북편은 삼국시대부터 조선 시대, 일제 강점기를 통하여 구속사가 이면에 흐르고 있었고, 그것이 결국 일반사가 되었다는 것을 보여주었다.

전남편에서는 14개 도시를 직접 답사하여 역사 현장을 체험하고, 그 당시의 사건 속에서 선교사들의 행적을 추적하는 데 초점을 두었다. 각 지역마다 동학 농민항쟁과 일제의 식민지 시대, 좌우익의 이념 시대, 군부독재 시대 등을 통하여 개신교의 역할 등을 다루었다.

그러면서 한민족이 선교사들을 통하여 서구를 만났을 때 도약할 수 있음도 드러내려고 노력했다. 중국으로부터 온 종교가 아닌 서구로부터 온 종교를 만났을 때, 한민족은 근대화의 파도를 타기 시작했다. 개신교를 통하여 서구를 만났을 때 한국은 서구보다 더 발전했다. 수출, 문화, 전자, 과학, 체육, 종교, 의학, 교육 등, 한국은 선진국으로 이동을 하였다.

오늘날 한국이 코로나 19 방어 국가로서 세계 최고의 의술을 보여준 것도 좋은 사례이다. 이는 한국이 140년 전에 서구의 의술을 만났기 때문에 가능했다. 당시의 침술과 한방으로는 콜레라 환자 한 명도 치료하지 못했고, 나병 환자 한 명도 고치지 못했다. 전쟁에 있어서도 마찬가지였다. 낫과 호미, 죽창을 들고 싸운 동학 농민들이 패배한 것은 일찍이 서구를 만나지 못하여 근대화가 늦어졌기 때문이다. 그러나 지금은 일본도 독도를 넘보지 못할 정도의 막강한 화력을 가졌다.

구한말부터 미국의 선교사들을 통하여 서구를 만났을 때, 한국은 근대화되기 시작했고, 새로운 나라로 도약했다. 서구 의술의 도움으로 한국은 1950년대가 되면서 나병 환자들과 결핵 환자들은 종막을 내렸다. 현재는 나병 환자들과 결핵 환자들을 찾아보기 어렵다.

한국이 서구를 만났을 때 세계 최대의 반도체 국가, 유럽을 능가하는 자동차강국, 의료강국, 문화강국이 되었고 월드컵에 연속 9번 출전하고 세계 여자 골프계를 석권하는 스포츠강국이 되었다. 심지어 유엔 사무총장, 노벨상 수상자까지 내고 빌보드 차트 1위를 석권하는 기염을 토해내고, 영국 프리미어 리그에서 득점 1위까지 달리고, 최고의 선수상과 푸스카스상을 받는 일까지 발생했다. 미국 메이저리그에서도 한인이 최고의 투수로서 맹위를 떨치고 있다.

미국 선교사들이 이 땅에 가져다준 헌신과 사역으로 한국이 서구를 만나게 된 것은 엄청난 역사였다. 그들은 초기의 사도들이 복음을 전파하였던 것 이상으로 근대화 문명까지 가져다주었다. 의료기술로 사람을 치료하고, 교육으로 문맹을 퇴치하고, 복음으로 교회를 설립하여 지역문화의 중심이 되게 했다.

선교사들이 없었다면 연세대, 세브란스병원, 이화여대는 없었을 것이다. 이러한 선교사들의 역사는 살아있는 역사이다. 단지 이념이라는 가치로 선교사들의 살아있는 사실을 지울 수가 없다. 사실관계는 가치판단에 의하여 지워지지 않기 때문이다.

선교사들은 한민족의 근대화와 복음화를 위하여 자신의 가족들도 돌보지 않고 대를 이어 헌신했다. 자식이 죽고, 아내가 죽고, 남편이 일찍 죽어도 한국을 떠나지 않고, 사역을 계속하여 오늘날의 눈부신 국가로 발전하는 데 일익을 담당했다.

나의 신앙유산답사기 전북편은 구속사가 일반사가 되어 가는 모습을 담았고, 전남편은 선교사들의 행전을 통하여 이 민족을 죽이고자 했던 제국주의, 이념주의, 독재주의 이면에 있는 악한 영과 대립하는 살리는 영에 초점을 두었다. 즉 제국주의 시대에 찾아온 선교사들의 행전은 이 민족의 희망이었다.

선교사들의 행전을 통해 한민족이 굳건하게 발전할 수 있었다는 것을 미약하나마 이 책을 통하여 보여주고 싶었다. 선교사들의 행전을 통한 하나님의 역사를 드러내고 싶은 것이다. 마지막으로 문서선교의 일환으로 이 책을 출판해 준 나의 문서선교 동역자인 에셀나무 대표 고정양 목사에게 감사를 드린다.

황규학

제1장
전라남도의
지리적 위치와 지명

제1장

전라남도의 지리적 위치와 지명

1. 전라도의 지리적 위치

전라남도는 우리나라 서남부에 위치한 지역이다. 북으로는 노령산맥을 경계로 전라북도와 접하며, 동으로는 지리산과 섬진강을 끼고 경상남도와 접해 있다. 경상도와 접해 있는 곳이 그 유명한 화개장터이다.

화개장터

"전라도와 경상도를 가로지르는 섬진강 줄기 따라 화개장터엔 아랫마을 하동 사람 윗마을 구례 사람 닷새마다 어우러져 장을 펼치네. 구경 한 번 와 보세요. 보기엔 그냥 시골 장터지만 있어야 할 건 다 있고요, 없을 건 없답니다. 화개장터"

화개장터는 섬진강을 사이에 두고 전라남도 구례군과 마주 보고 있는 지역적 특성 덕분에 경상도와 전라도의 교류지점이 되었던 곳이다. 하동군이나 구례군에서 19번 국도를 타고 섬진강을 따라가면 화개장터가 나온다. 주소는 경상남도 하동군 화개면 쌍계로 15로 하동군에 있지만 하동읍내보다는 구례읍내와 좀 더 가깝다.

화개장터는 조영남의 노래로 유명해진 곳으로 영남과 호남 간 화합이라는 상징적인 의미가 있는 장터이다. 실제로 이곳 상인들과 소비자들은 전라도 사람과 경상도 사람이 섞여 있으며 지역감정 없이 정답게 사투리를 나누는 곳으로 유명하다. 영호남의 차별이 없는 곳이다.

예를 들어 "아따 고구마가 좋은 놈이 나왔네잉, 요거시 얼마나 한데요?"라고 전라도 소비자가 물어보면, "원래 10,000원인데, 5,000원만 주이소~"라고 경상도 상인이 대답하는 곳. 실제로 관광지가 되어서 볼 것도 많고 영호남 화합의 따뜻한 정을 느낄 수 있는 곳이다.

전라남도 서쪽은 서해안, 남쪽은 남해안으로서 풍요로운 바다를 끼고 있는 지역으로 대표적인 리아스식 해안을 이루고 있다. 바다 한가운데 있는 전라남도의 신안군 홍도에서 여수시 돌산면에 이르는 지역 일대가 '다도해해상국립공원'으로 지정되어 있을 정도로 호남은 아름다운 바다를 가진 지역이기도 하다.

해상국립공원, 소매물도 등대길 등대섬 전망대(사진제공·국립공원관리공단)

전라남도는 바다 이외에 많은 강도 흐르고 있는 비옥한 옥토 지역이다. 임진란 때 이순신 장군이 횟가루를 뿌려 풍부한 쌀이 많은 것처럼 위장하여 왜구를 놀라게 했던 영산강은 전라도의 담양군 용면 용추봉(560m)에서 발원하여 광주광역시와 전남 영암군 등지를 흐르면서 황룡강, 지석천 등과 합류하며 서해로 흘러든다.

영산강은 일명 4대강 중 하나로 호남권의 대표적인 강이기도 하다. 강 이름은 나주시에 있는 포구마을인 영산포에서 유래하였다. 사실, 강 길이 자체는 섬진강이 영산강보다 훨씬 길지만, 섬진강 유역이 산골인 데다 수량도 매우 적은 편이라 주로 영산강을 4대강으로 꼽는다.

전라도의 동쪽에는 섬진강이 있다. 섬진강은 전라북도 장수군에서 발원하여 곡성군 오곡면 일대에서 보성강과 합류하여 흐르다가 구례군 간전면 운천리 일대부터 경상남도와 경계를 이루며 광양만으로 유입된다.

이외에 보성강은 동쪽의 고을을 발달시킨 중심 하천이다. 순천시와 해

영산강

남·무안·영광 등 해안에 있는 시군에서는 인근 산지에서 발원한 하천들이 바다로 흘러 유입된다. 이러한 많은 강 덕분에 호남은 기름진 땅을 가질 수밖에 없었다. 그야말로 한반도의 가나안 땅이었다. 전라도는 에덴동산에서 발원하는 강보다 더 많은 강이 흐르고 있었다.

2. 전라남도 지명

조선 시대 1407년(태종 7)에 8도제가 시행되면서 다른 지역은 지명이 대부분 바뀌었으나 전라도와 경상도는 지금까지 그 지명을 유지하고 있다. 당시 행정 편의상 전라도를 좌·우도로 나누어 동부 산악지대는 좌도로, 서쪽의 평야 지대는 우도로 일컬었다. 인조 때 전남도(全南道)·광남도(光南道), 1728년(영조 4)에 전광도(全光道)라고 하기도 하였으나 일시적이었다.

섬진강

전라남도라는 용어는 1896년(고종 33) 전국이 13도로 개편되면서 이전의 전라도를 노령산맥을 기준으로 하여 남북으로 분리하면서 처음 사용하였다. 당시는 현재의 광주광역시와 제주도가 전라남도 관할에 속하였다. 일제강점기인 1914년 행정구역 변경으로 1목 33군현은 1부 22군으로 바뀌고, 이 과정에서 해안에 설치되었던 돌산군은 여수군에, 지도군은 신안군에 통폐합되었다.

광복 이후 1949년에는 제주군이 도(道)로 승격하였고, 1986년에는 광주시가 직할시로 승격되면서 전라남도에서 분리되었다. 1986년에는 금성시를 나주시로 변경하였다. 1895년 8도제를 폐지하고 23부제가 시행되면서 행정지명으로서 '전라도'는 없어지게 되었다.

이 제도는 불과 1년 2개월 만에 폐지되고, 1896년 13도제가 시행되면서 이전의 전라도를 전라북도와 전라남도로 나누면서 지명이 생겨났다. 오늘의 전남과 전북의 지명은 130년의 역사를 갖고 있다.

한과 차별의 지역, 전남

우리나라 서남부에 있는 전라남도는 민주, 인권, 평화의 지역이지만 백제 시대 이후 차별된 지역으로서 한도 많고 탈도 많은 지역이다. 지금까지 경제적 · 지역적 차별을 받는 땅이기도 하다.

그러나 전남이 없었다면 이순신 장군의 말대로 민족도, 국가도 없었을 것이다. 말씨도 구수하고 순박한 모습의 호남인들이 정치적 · 경제적인 어려움으로 인해 도시로 진출하면서 중앙정치권의 한가운데 서게 되었다.

일반 정치계도 그렇지만 종교계도 호남 사람들이 도시에 진출하여 많은 영향을 주고 있는 것이 사실이다. 특히 대한예수교장로회 개혁총회(조경대 목사 시절)는 서울에서 호남인으로 구성된 성직자 중심으로 형성된 교단이다.

호남인들이 대거 서울에 진출하면서 정치계에서도 호남인들이 중심의 한가운데 서게 되었고, 지금은 집권세력으로 많은 호남인이 정치계에서 활발히 활약하고 있다. 국무총리를 역임한 이낙연 대표와 현재 집권당 총리인 정세균 의원 모두 호남 출신이다. 호남인들은 주변부에서 중심으로 진출하는 데 성공을 했다.

전남은 전북과 달리 눈물과 피, 한의 땅이었다. 전북에 동학혁명이 있었다면 전남에도 동학혁명, 삼별초 대항쟁, 임진왜란, 여순사건, 나주 독립운동, 광주 민주항쟁이 있었다. 이러한 항쟁이 쓸고 간 자리는 그야말로 광야보다 더 험한 지역이 되었다. 땅은 기름졌지만 사람들의 가슴은 수탈과 착취로 멍들었다. 전남에서 남자들은 항쟁과 전쟁에서 죽고, 젊은 여자들은 팔려가고, 과부와 고아만 남고, 전염병이 창궐하며, 굶주림과

호남평야

빈곤의 연속이었다. 풍전등화와 같은 아무런 희망이 없었던 정신적, 물질적으로 절망적인 지역이었다.

고려 시대 이후부터 호남은 한의 연속이었다. 지금도 호남을 답사하면 호남평야만 남아있고, 공장 하나 찾아보기 어려울 정도로 경상도와 비교할 때 지역적으로 엄청난 경제적 차별을 받고 있다. 광양과 여천지역 이외에 중화학공업이 발전된 곳이 없을 정도이다. 대부분 2차 중화학공업 도시라기보다는 1차 산업이 중심이 된 농경의 도시다.

그러다 보니 경상도와 비교하면 경제적 한도 서려 있다. 이전의 역사도 한의 연속이지만, 최근까지도 전남지역은 연속된 한에서 벗어나지 못하고 있다. 때에 따라 호남은 제국주의, 좌우 이념, 독재정권의 칼날, 정쟁에 희생되기도 하였다. 김대중 대통령으로 인해 오히려 정치적 · 경제적으로 역차별 되기도 했다. 그야말로 전남은 한의 지역이다.

광주에 가면 5.18 광주민중항쟁과 일본강점기 광주학생의거의 한이 있고, 완도에 가면 임진왜란의 한이 있고, 진도에 가면 삼별초의 한이 있고,

목포에 가면 부두노동자와 동양척식회사의 한이 있고, 여수와 순천에 가면 좌우 이념의 한이 있다. 신안 증도와 영암과 영광에 가면 좌우 이념대립으로 기독교 순교자의 한이 있고, 김대중 대통령의 고향인 하위도에 가면 땅을 빼앗긴 농민들의 한이 있다.

하의도 농민운동기념관

이처럼 전남은 전북과 달리 피와 눈물과 한으로 가득 찬 지역이다. 그러므로 전남지역에 들어온 해외 선교사들은 이러한 한을 어떻게 치유하였는지 살펴보는 것도 의미심장한 일일 것이다.

제2장
수탈과 착취의 마을,
목포

제2장

수탈과 착취의 마을, 목포

1. 목포의 여인들

'목포'라는 이름은 〈고려사〉라는 역사책에 처음 나오는데 나무가 많은 포구라 하여 목포(木浦)라고 불렀다고 하고, 목화가 많이 난다 하여 그렇게 불렀다는 설도 있으나, 서해로부터 육지로 들어가는 길목이라고 하여 목포라고 불렀다고 하는 주장이 가장 유력하다.

1) 목포의 눈물, 이난영

1935년 초 「조선일보」에서 향토 노래 현상 모집을 했다. 거기서 당선된 가사에 곡을 붙여 9월 신보로 발매된 곡이 있었다. 그 곡이 문일석 작사, 손목인 작곡, 이난영이 노래한 '목포의 눈물'이다.

사공의 뱃노래 가물거리며
삼학도 파도 깊이 숨어드는 때
부두의 새악시 아롱져진 옷자락
이별의 눈물이냐 목포의 설움

유달산, 이난영 동상

    이 곡을 기념하기 위한 한국 최초의 대
중가요비가 목포 유달산 중턱에 세워져
있을 정도로 '목포의 눈물'은 목포를 그
대로 대변해 주는 대표적인 노래이다.

2) 하수도 공사, 박화성

여류소설가, 박화성

    이난영이 목포의 상황을 노래로 표현하였다
면 천재 여류 소설가인 박화성은 목포 노동자
와 목포의 일상적인 삶에 관련한 내용들을 글
로 표현하였다. 1925년 박화성이 쓴 「추석전
야」는 춘원 이광수에 의하여 「조선문단」에 추
천되었다. 「추석전야」는 목포 최초로 건립된
방직공장의 여공을 주인공으로 그들의 비참
한 노동생활을 소설로 드러낸 것이다. 또한
1932년 이광수에 의하여 「동광(東光)」에 추천된 하수도 노동자의 삶을 그
린 「하수도 공사」는 체불임금을 요구하며 벌인 노동쟁의를 소재로 한 단
편소설이다.

그 날 밤 육백 원의 지불을 받기 위한 삼백 명의 노동자들은 혈안이 되어 날뛰었다. 대리며 감독과 십장들이 아무리 권력을 쓰려 하였으되 그들은 선후를 다투느라고 몇 사람의 머리가 깨어지고 옷이 찢어지며 서기가 얻어맞고 바뀌는 등 돈 때문에 일어나는, 한 비절 참절한 광경이 연출될 때 동권이는 몇 번이나 눈물을 흘리며 현 사회제도를 저주하였다.(하수도 공사,73)

박화성은 여류 천재문인으로서 유진벨이 설립한 정명여학교 출신이다.

정명여자고등학교

 신안 도초 중앙교회 출신 고훈 시인은 "영원히 아름다운 정명이 되라"고 시를 쓴 바 있다.
 박화성은 1904년에 목포에서 태어났고, 4살 때 한글을 깨우쳐 성경을 읽고, 5살 때는 한자를 해독하며, 7살 때 소설을 읽기 시작한 신동이었다. 그녀는 머리가 좋아 1년에 몇 번씩 월반하여 11살에 고등학교 4학년이 되었고, 숙명여고를 14살 때 수석으로 졸업을 하였다.

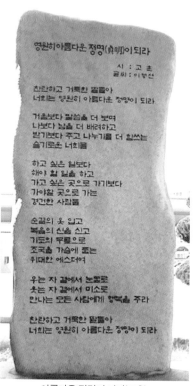

영원히아름다운 정명(貞明)이 되리라

　　　　　　시 : 고 촌
　　　　　　글씨 : 이부산

찬란하고 거룩한 딸들아
너희는 영원히 아름다운 정명이 되라

거울보다 맑음을 더 보며
나보다 남을 더 배려하고
받기보다 주고 나누기를 더 힘쓰는
슬기로운 너희들

하고 싶은 일보다
해야 할 일을 하고
가고 싶은 곳으로 가기보다
가야할 곳으로 가는
경건한 사람들

순결의 옷 입고
복음의 신을 신고
기도의 무릎으로
조국을 가슴에 또는
위대한 에스더여

우는 자 곁에서 눈물로
웃는 자 곁에서 미소로
만나는 모든 사람에게 행복을 주라

찬란하고 거룩한 딸들아
너희는 영원히 아름다운 정명이 되라

아름다운 정명이 되라(고훈)

박화성, 중학교시절

그 뒤 박화성은 충청남도 천안과 아산에 있는 보통학교 교원으로 근무하다가 1922년 전라남도 영광중학교로 자리를 옮겼다. 3년을 영광에 머무르는 동안 시조작가 조운(曺雲) 등과 사귀면서 본격적인 문학수업을 하였으며, 학업을 계속하기 위하여 1929년에 일본으로 건너가 니혼여자대학교 영문학과를 3년 만에 졸업하고, 한국에 와서 작가 생활을 하던 중, 하수도 공사 노동자의 생을 그린 것이다. 박화성은 그 뒤 1938년까지 작품활동을 계속하는 동안 20여 편에 이르는 소설을 발표하였는데, 거의 일제의 침탈로 고통받는 도시 노동자나 서민 그리고 농민을 다룬 것이어서 세인의 주목을 받았다.

특히 장편 소설 「백화」는 1932년 이광수의 추천으로 이상범 화백의 삽화를 곁들여 동아일보에 1백80회가 연재되었다. 여성이 쓴 최초의 장편소설 「백화」는 많은 독자들의 찬사와 성원을 받았다. 최일수는 「박화성론」에서 "「백화」는 대하적인 흐름

여류 문학가 박화성 동상

과 탁월한 리얼리티와 더불어 우리 문학사에 두드러진 업적으로 기록될 만하다"라고 호평했다.

천재 여류소설가 박화성의 관심은 일제침탈로 가중되는 가난과 함께 해마다 되풀이되는 자연재해 때문에 더욱 비참한 삶을 영위해야 하는 농민들에게로 쏠려 일상성을 소재로 하여 「논갈 때」(문학창조. 1934), 「홍수전후」(신가정. 1934~1935), 「한귀(旱鬼)」(조광. 1935), 「고향 없는 사람들」(신동아. 1936) 같은 소설을 남기게 되었다.

20여 편의 장편소설과 100여 편의 단편, 500여 편의 수필과 시 작품을 남긴 박화성은 84세의 일기로 세상을 떠났다. 그는 사실주의에 바탕을 두고 현실 문제를 깊이 있게 파헤친 작가다. 초기에는 주로 가난한 농민들의 고된 삶과 노동자의 삶을 다룬 사회성이 있는 소설을 썼지만 1940년대 일제의 조선어 말살 정책으로 일본어 사용이 강요되자, 절필하고 낙향해 후배양성에 전념했다.

박화성은 1961년~1973년 동안 문인협회 이사, 1965년 한국여류문학인회 초대 회장, 1966년 예술원 회원(81년 이후 원로회원)을 역임하였다. 한편, 1964~71년까지 펜클럽 한국본부 중앙위원을 겸하고, 68년에는 여류문인회장, 72년에는 동 고문에 추대되었으며, 74년 펜클럽 고문, 같은 해 한국소설가협회 상임위원으로 피선되었다. 한국문학상(1966), 예술원상(1970), 목포시 문화상, 이화여대 문화공로상, 은관문화훈장(1974년)을 수상했다.

박화성 문학기념관

2. 목포의 사회적 상황

목포는 한과 눈물의 땅이다. 일제의 착취와 수탈로 인해 민중들의 한이 스며있는 곳이다. 전라도는 물산이 풍부한 곡창지대로 국가재정도 이 지역에 크게 의존하고 있었다. 그러나 조선 이전 시대부터 수탈의 대상이 되어 농민들은 항상 탐관오리의 가렴주구에 시달리고 있었다.

목포 부두노동자들

1894년 2월 10일 고부 군수 조병갑(趙秉甲)의 지나친 가렴주구에 항거하는 광범위한 농민층의 분노가 폭발하여 동학민란이 일어났다. 전북은 탐관오리의 수탈에 시달렸지만, 목포는 일제의 수탈에 시달렸다. 특히 목포는 동학혁명의 영향을 받은 부두노동자의 동맹파업이 있는 곳이기도 하다.

목포의 개항은 지금부터 134년 전인 1897년 10월 1일로서 인천보다는 15년 뒤졌다. 목포는 특별히 고종이 칙서를 내려서 만든 도시이다.

일본은 지리적 요인 때문에 곡창지대인 호남의 물산을 집결, 유통하기 위해 목포 개항에 눈독을 들이고 있었다. 목포가 개항되자 일본인들의 거류지가

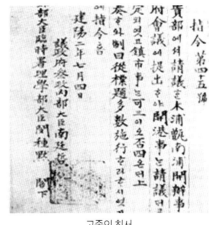
고종의 칙서

폭발적으로 늘어나는 한편, 자치기관이 설치되기도 했다. 일본인들의 거류지는 주로 항구가 바로 앞에 있는 현재의 유달동 일대였으며 국권침탈 전에는 일본 영사관과 동양척식회사도 유달동 인근에 있었다.

1) 동양척식회사

동양척식회사

일제는 본격적으로 한국 자체를 착취하기 위하여 영국이 인도에 동인도회사를 세운 것처럼 동양척식회사를 세웠다. 형식적으로 동양척식회사는 일본과 한국의 합작회사였다.

이 회사는 부두노동자의 동맹파업이 끝난 지 5년 후인 1908년에 설립되었고, 한일 양국에서 제정, 공포된 <동양척식주식회사법>이라는 특수법에 따라 설립되었다. 따라서 이 회사는 일본 국적과 한국 국적을 가지는 이중 국적 회사로 창립되었다. 국권침탈 이전에 조선과 일본의 한일회사합방이었다. 엄격하게 말하면 한일회사합방이 아니라 한일회사종속이었다.

일본은 1908년 3월 제24회 의회에서 <동양척식주식회사법>이라는 법안을 통과시켰다. 일본은 노동착취 이외 경제적 착취를 위하여 별짓을 다하였다. 한국에 설치된 일제 통감부는 이 법안을 한국 정부에 강요해, 1908년 8월 26일에 국왕의 재가를 얻어 그해 8월 27일 일본과 한국에서 동시에 공포하였다. 이 법률에 따라 그해 12월 28일에 한일합작회사로서 동양척식주식회사가 창립되었다.

이 회사의 주요 목적은 일본의 식민지로부터 경제적 이익을 위해 토지와 금융을 장악하고 일본인들의 식민지 개척 및 활동을 돕는, 즉 일본 제국의 착취를 위한 것이었다.

한일합작회사이기 때문에 한국 측으로는 한성에 거주하는 금융계 인사, 귀족 및 고위관리 7인과 지방에서는 각 도의 지주 2명씩 모두 33인이 참여하였지만, 한국 측 위원의 참가는 다만 형식에 불과하였고, 일본 동경 내에 설치된 설립준비사무소에서 일본인들의 손에 의해 설립에 관한 제반 사무가 결정되었다. 종속경제의 실현이었다.

겉으로는 합작투자인데 이면으로는 종속국가의 합법착취를 위한 도구

서울 동양척식회사

에 불과했다. 창립자본금은 1,000만 원으로 정했고 이를 20만 주로 나누었다. 그 가운데 6만 주는 한국 정부에게 토지로써 투자하게 하고, 나머지 140,000주 중 일본 왕실이 5,000주, 일본 왕족이 1,000주를 우선으로 인수하고, 한국 왕실이 1,700주를 인수하도록 하였다.

이 회사의 창립 주에 대한 일본 내의 인기는 거의 광적이어서, 응모 주 숫자는 공모주 수의 35배에 달하였지만, 한국은 동학혁명도 끝난 지 얼마 되지 않은데다가 아직 근대화의 물결을 알지 못했고, 회사나 주식에 대한 기초 상식도 없는 상태였다. 일본이 총을 들 때 한국은 낫과 호미, 창으로 무장하던 시대이다.

동학농민의 무기

일제의 병기

그 당시만 해도 한국은 주로 한 명이 지배하는 사업에는 능했지만, 투자나 주식, 상법 등 주주가 회사의 주인이라는 개념에는 전혀 문외한이었다. 서구의 자본주의 개념조차도 몰랐던 시대이다. 한 명 이외 주식회사와 같은 단체가 재산을 소유하는 인식이 전혀 없었던 때이다. 미국에 가도 한인들에게 일인 자영업이 많은 것은 일찍부터 단체가 주인이 되는 회사에 익숙하지 않았기 때문이다. 법인은 단체가 주인이 되는 개념이다. 그래서 미국의 이민자들은 소규모자영업에서 벗어나지 못한다.

이러한 단체 주인의 개념을 통하여 일본은 한국 대부분 토지와 국유지, 논과 밭을 합법적으로 착취하고자 동양척식회사를 세웠다. 그래서 토지와 재산을 합법적으로 소유해갔다. 목포 부두노동자의 임금착취와 고부군수 조병갑의 세금 수탈은 아무것도 아니었다. 그들이 낚시로 고기를 잡았다면 동양척식회사는 그물로 고기를 잡았다. 이 회사의 토지 소유는 조선에서 토지조사사업이 완료된 뒤 국유지 매각의 혜택으로 더욱 확대되어 1920년 말 당시 소유지는 9만 700여 정보에 달하였다. 이러한 소유토지는 전국에 걸쳐 있었으나 특히 전라남도, 전라북도, 황해도, 충청남도의 곡창지대에 집중되어 있었다.

목포는 그야말로 곡창지대의 쌀이 일본으로 흘러 들어가는 창구기능을 하였다. 개항은 하였지만, 수탈과 착취 등 눈물의 개항이었다. 부두노동자들은 노동 착취를 당하면서 일본으로 들어

목포 부둣가의 쌀

가는 쌀을 날라야 했다. 쌀을 나른 것이 아니라 눈물을 날랐다.

고종은 이렇게 많은 수탈과 착취가 이루어질 것을 알지 못하고, 칙령서를 보내 개항을 하게 하였다. 영악한 민비가 살아있거나 머리 좋은 대원군이 통치하였더라면 사태가 달라졌을 수도 있다. 무능력하고 힘이 없는 고종은 목포의 개항을 통하여 돈이 들어올 줄로 알고 꿈을 꾸고 있었다.

한국의 소유지는 일본으로부터 유치되어 온 일본인 농업 이민에 매각, 양도되었으므로 직영지 면적은 점점 감소하여 1937년 당시 이 회사가 직접 경영하고 있던 토지면적은 6만여 정보였다. 이외에도 일본인들은 착취를 감행하여 1920년 이후 특히 임야 경영에 주력해 국유지 매각의 혜택을 받아 막대한 면적의 산림지를 소유하게 되었다.

임야와 농지, 산이 일본인들에게 값싸게 넘어갔다. 합작기업을 통해 종속경제로서 엄청난 수탈과 착취가 이루어졌다. 이는 영국과 러시아에서 일어난 잉여노동의 착취가 아니라 인도에서 일어난 영국 동인도회사의 착취와 같았다.

동인도회사

동양척식회사는 1937년에 6만 정보를 소유하였지만 1942년 말에는 16만여 정보를 소유하였다. 그러나 일본은 더 많은 농토와 산림을 착취하기 위하여 일본인의 한국 농업 이민계획을 수립하기도 하여 많은 일본인이 금이 아니라 땅을 소유하고자 한국으로 몰려들었다. 미국 서부의 골드러시가 아니라 일본인의 랜드러시였다.

동양척식회사는 한국의 땅과 경제점령을 통한 정치적 점령을 목포로 하고 있었다. 이러한 일을 도모하기 위하여 일본으로부터 한국으로의 농업 이민을 전개해나갔다. 이 회사의 농업 이민계획은 경제적인 목적보다도 오히려 정치적인 목적에서 이루어졌다. 한국을 통째로 먹겠다는 속셈이었다.

동양척식주식회사는 1910년 이래 1926년에 이르기까지 17회에 걸쳐서 거의 1만 호의 일인 농민을 한국에 유치하였다. 일본은 수탈한 토지를 기반으로 일본인 농업 이민자들을 한국 각지에 정착시키는 사업을 추진하였다. 1917년까지 매년 1,000호, 1926년까지는 매년 360호 정도의 이민을 받아 1926년까지 9,096호가 한국에 정착하였다.

이들은 동양척식주식회사의 지원 아래 직접 경작하기보다는 지주가 되어 조선 민중을 착취하고 압박한 일제의 대변자이며 앞잡이가 되었다. 이에 따라 조선인 빈농 약 29만 9천 명이 토지를 상실하고 북간도로 이주했다. 이와 같은 일본 농민의 유치정책으로 조선 농민의 토지 상실과 이촌 현상은 날로 격증하였다.

다른 곳으로 이주한 사람들

1910년 이래 한국인의 만주 이민은 매년 1만여 명이었다.

만주에 이주한 조선인들

동양척식주식회사가 일본인의 농업 이민을 포기하게 된 1926년까지 무려 29만 9천여 명의 한국인이 만주로 이주해 갔다. 만주로 이주한 한국인 중에는 정치적 망명인도 다수 포함되어 있었으나 대부분은 농민들이었다.

조선인의 만주 이민은 1930년에 들어와서 더욱 격증해 1945년 당시 만주에 이주한 조선인은 150만 명에 달했다. 이와 같은 조선인 해외 이주의 격증은 일본인의 수탈과 착취와 더불어 1930년 이래의 대공황으로 생활고가 빚어낸 결과였다. 동양척식주식회사가 한국 사람에게 문명의 혜택을 입게 할 중책을 띠고 설립되었다고는 하나, 이 회사는 한국을 통째로 먹기 위한 착취회사였다.

이 회사 수입의 95% 이상을 차지하는 사업 부문은 대부금, 유가증권, 토지, 산림, 건물과 그 밖의 특수사업으로 확장되었고, 투자액은 1942년 말 약 6억 원에 달하였다. 그 가운데 가장 많은 것은 대부금으로 48%,

다음이 유가증권으로 37%, 셋째가 토지·산림·건물로서 11%, 끝으로 특수사업이 4%를 차지하였다. 한국인들을 구조적으로 착취하였다. 즉 한국판 동인도회사였다.

이 회사가 창립 때에 표방했던 "조선에서의 식산흥업의 길을 열고 부원을 개척해 민력의 함양을 기도해 한국민으로 하여금 문명의 혜택을 입게 한다"는 슬로건은 한낱 미사여구에 불과했다. 이 회사는 항상 일제의 한국농민 수탈의 선봉이 되어 민원(民怨)의 대상이었다.

2) 나석주, 동양척식회사에 폭탄 투척

1926년 12월 28일 의열단원 나석주 열사가 동양척식회사(서울 중구 을지로)를 기습하여 폭탄을 투척하는 사건은 바로 이러한 민족적 증오의 한 표현이었다. 1926년 12월 28일 경성 시내에서 일본 경찰들의 포위망 속에 홀로 격전을 치르며 외친 유언은 다음과 같았다.

나석주 열사의 상

"나는 조국의 자유를 위해 투쟁했다. 2천만 민중아, 분투하여 쉬지 말라!"

◀ 나석주와 동양척식회사

1926년 의열단원으로 중국에서 항일투쟁을 전개하던 나석주는 유림계의 대표이며 민족 지도자인 김창숙(金昌淑)의 권유를 받고, 조국의 옥토를 강탈하고 농민을 착취하는 대표적 일제 침략 기관인 동양척식주식회사와 조선은행 · 조선식산은행을 습격, 파괴하기로 하고 국내로 잠입하였다. 김창숙은 다음과 같이 말한다.

"백범도 그대의 장도(壯途)를 학수고대하고 있소. 민족의 고혈을 빨고 있는 식산은행(殖産銀行)과 동양척식회사가 그대의 손에 폭파되는 날 일제의 간담이 서늘할 것이며, 잠자고 있는 조선의 민족혼이 불길처럼 다시 타오를 것이오. 대의를 위해 무운(武運)을 비는 바이오"

그해 12월 28일 나석주는 인천을 거쳐 서울로 들어왔다. 그는 먼저 남대문에 있는 식산은행에 폭탄 1개를 투척하였으나 불발되자, 그 길로 즉시 동양척식주식회사를 습격하였다. 먼저 경비실을 기습하여 일본인 다카기(高木吉江)를 사살하고 이층으로 뛰

나석주 의사가 김구에게 보낸 편지(1925. 7. 28)

어올라가, 동양척식주식회사 사원 다케(武智光)를 쏘아 죽이고, 토지 개량부로 들어가 기술과 차장 오모리(大森四太郞)와 과장 아야다(綾田豊)를 쏘아 죽이고, 폭탄 1개를 투척하였다.

이후 문밖으로 나온 뒤, 그는 또 조선철도주식회사 경비실을 공격하여

마쓰모토(松本策一) 외 1명을 권총으로 쓰러뜨린 뒤, 을지로 2가 방면으로 달렸다. 마지막까지 맞은편에서 달려오는 경기도 경찰부 경부 다하타(田畑唯次)를 쏘아 사살하였다.

현장에서 시신을 나르는 사람들

그러나 불행하게도 일본사람을 저격하여 7인을 죽였지만 폭탄은 불발되었다.

동아일보는 나석주를 신문에 대서특필했다. "**권총을 난사하야 일거에 7명 저격**"이라고 큰 제목을 뽑았다. 전면을 모두 나석주 의사 소개에 할애했다.

나석주는 전찻길을 따라 계속 달렸으나, 수십 명의 일본 경찰의 추격을

받고 더는 추격을 피할 수 없다고 판단하고, 자신의 가슴에 권총 3발을 쏴 장렬하게 자결하였다. 동양척식회사는 부산, 대전, 목포에 여전히 남아있다. 목포 동양척식회사는 근대역사관으로 바뀌었다. 동양척식회사는 이난영이 부를만도 한 목포의 눈물의 상징이다.

목포의 눈물은 부두노동자의

◀ 동아일보, 나석주 기사

눈물, 동양척식회사를 통한 수탈과 착취를 당한 민족의 눈물이기도 했다. 이난영은 노래를 통해, 박화성은 소설을 통해 그 눈물을 표현했다.

3) 부두노동자

목포 근대역사관에 가면 부두노동 자 파업에 대해서 소개하고 있다. 이 는 한국 최초의 노동운동이었다. 그 러므로 한국의 노동운동은 100년 이 상의 역사를 갖고 있다.

유진벨이 목포에 상륙하던 해 부두 노동자의 파업이 있었다. 1898~1903 년까지의 목포 부두노동자들의 투쟁 은 우리나라 최초의 노동 동맹파업 이었다. 1898년과 1901년에 일어났던 두 차례 투쟁은 임금과 관련한 것이 었고, 1903년 투쟁은 제국주의와 친 일파에 대한 것이었다. 동학농민들 도 처음에는 고부 군수에 대한 투쟁 이었지만 나중에는 외세에 대한 투

목포 부두노동자 파업

쟁으로 승격되었다. 목포 노동자들의 투쟁도 마찬가지였다. 목포항이 개 항한 지 5개월 만에 노동자들은 투쟁으로 나섰다. 노동착취가 있었기 때 문이다.

이러한 투쟁은 동학이 끝난 지 3년 정도밖에 안 되어 동학 정신으로 농민들이 투쟁에 나선 것이다. 자금수탈과 항일운동이 맞아 떨어진 것이었다. 이처럼 동학의 정신은 목포의 부두노동자들에게 이어져 항일정신으로 표출되었다.

부두노동자 파업은 일본 자본가들을 대상으로 임금 인상을 요구한 사건이었다. 노동자들은 당시 아침부터 저녁 늦게까지 노동에 시달렸음에도 제대로 된 임금을 받을 수 없었던 것에 대해 항의했다.

목포 부둣가에서 짐을 나르는 노동자

일본인 자본가들과 고용청부업자들은 농한기에 일거리를 찾아 부두로 나온 농민들을 끌어들여 부두노동자들의 임금을 깎으려 했기 때문이다. 노동자들은 도중(노동조합)을 중심으로 조선인들과 일본인 거류지 사이의 교통과 일본거류지 출입을 막고,

목포 부두노동자들

상행위를 금지했다. 부두노동자들은 투쟁을 통하여 임금착취를 하지 못하도록 했다.

또한 1903년 부두노동자들은 중재자 역할을 한 십장에 대해 반대 항의 투쟁을 하였다. 십장들이 중간 브로커로서 임금착취를 하였기 때문이다. 10%의 소개비를 20%로 올리겠다고 한 것이다. 부두노동자들은 십장이 임금착취자로서 자신들의 고혈을 빨아먹는다고 생각하였다. 그러자 십장들은 일본인 자본가, 순사와 연대하여 부두노동자들이 일본 패를 차도록 탄압하고 강요하였지만, 부두노동자들은 무안감리서가 만든 패를 차겠다고 하였다.

십장은 일본에 기생하여 민족의 고혈을 빨아먹고 있었던 것이다. 일제 강점기는 친일파, 이념시대는 좌익파, 군부독재시대는 친군부파가 동족에 대해서 더 못된 짓을 하였다. 그들은 자신들의 배를 위해서라면 동족의 목숨까지도 담보로 잡는 사람들이었다.

1903년 11월 16일, 노동자들은 "우리들은 모두 대한 인민이다. 우리는 감리서가 만든 패를 찰 뿐, 일본 패는 찰 수 없다"고 하였다. 노동자들은 동학혁명의 정신을 갖고 일본인 거류민들을 배척하는 격문을 뿌리고, 일본 자본가의 앞장을 서는 친일파 십장들을 응징하였다.

일본 경찰이 부두노동자들을 핍박하자, 목포주민들까지 나서서 부두노동자 편에 섰다. 12월 14일 급기야 일본 군대가 들어와 이들을 제압하고, 일본 패를 반대하는 운동을 주도했던 11명에 대해서는 끝내 체포가 이루어졌다.

결국, 목포 부두노동자들의 투쟁은 일본의 무력간섭과 봉건 정부의 굴욕적인 협상으로 좌절되었다. 그러나 목포 부두노동자들은 투쟁으로 생존권을 수호하여 어느 정도 권익을 찾았고, 일본 자본가들에게 타격을 입혔던 것은 사실이다.

나아가 부두노동자들의 투쟁은 단지 빵과 쌀의 문제를 넘어서 값싼 노동력으로 잉여노동을 착취하는 제국주의 자본가들에 대한 반제국주의와 항일운동의

<table>
<tr><td colspan="4">〈표 4〉 부두노동의 種類</td></tr>
<tr><td>순 서</td><td colspan="2">노 동 항 목</td><td>賃 錢</td></tr>
<tr><td>①</td><td colspan="2">下錢</td><td>5錢</td></tr>
<tr><td>②</td><td colspan="2">부두에 부리기</td><td>2錢 4厘</td></tr>
<tr><td>③</td><td colspan="2">斗量</td><td>6錢</td></tr>
<tr><td>④</td><td colspan="2">일구리기(荷造)</td><td>6錢</td></tr>
<tr><td>⑤</td><td colspan="2">倉庫會社 倉庫까지 運搬</td><td>3錢</td></tr>
<tr><td>⑥</td><td colspan="2">倉庫에서 부두까지 運搬</td><td>4錢</td></tr>
<tr><td>⑦</td><td colspan="2">軒驗으로 옮기기</td><td>6錢</td></tr>
</table>

출전 : 度支部 潊稅局, 1910 〈韓國其他各港況 ·次附帶ニ漁業 稅ニ關スル調査〉 p.3

(양상현, "한말 부두노동자의 존재양태와 노동운동 - 목포항을 중심으로 -", 한국사론 14권, 1986)

성격으로서 자리 잡는다. 부두노동자들은 인간이 아니라 짐승처럼 일했다. 부두노동자들의 점심은 엿을 먹거나 물로 배를 채우기가 일쑤였다. 하루 10시간씩 일해서 받는 일당이 5전이었다.

쌀 한 가마가 1,350전인데 한 달 임금은 이것저것 떼고 600전에 불과했다. 한 달 죽도록 일을 해도 쌀 한 가마를 사지 못했다.

항구 년·월	馬山 임금	馬山 쌀값	木浦 임금	木浦 쌀값	沃山 임금	沃山 쌀값	羣津 임금	羣津 쌀값	平均 임금 I	平均 임금 II	平均 쌀값
1909. 1	500	1,350	600	1,350	400	—	600	1,500	529	790	1,308
2	500	1,300	600	1,250	400	—	700	1,500	534	911	1,256
3	500	1,200	600	1,150	450	—	600	1,580	522	795	1,200
4	700	1,250	600	1,150	450	1,350	500		533	790	1,186
5	700	1,300	600	1,250	450		600	1,500	539	835	1,228
10	700	1,250	600	1,100	600	1,400	500	1,450	539	860	1,267
11	500	1,250	600	1,100	450	1,250	500	1,350	506	815	1,217
12	500	1,200	600	1,000	450	1,250	500	1,300	506	825	1,156
1910. 1	700	1,200	600	1,000	450	1,250	500	1,250	528	915	1,117

출전 : 《財務彙報》 12, 13, 15, 16, 19, 29, 31, 32, 34호 附錄〈韓國經興月報〉(융희 3년) 1~5호, 10~12호 및 同月報(융희 4년) 1호에서의 物價項과 勞銀表
비고 : ① 임금 I, I 는 각각 조선인, 일본인 노동자의 평균임금이다.
② 임금은 노동자 1명의 1일 일금이고, 쌀값은 白米 中品 1斗의 소매값이다.

부두노동자의 임금(양상현, 상동)

노동시간은 하루에 10시간으로 거의 중노동이었다. 부두노동자 수는 1900년 200여 명, 1902년 300여 명, 1903년 500여 명으로 증가하였다.

부두노동자 중에는 쌀의 용량을 재는 두량군, 선박과 부두 사이에서 화물을 싣거나 내리는 칠통군, 한국 선박의 적하물을 내리는 하륙군이 있었다. 이들은 노동량에 따라 임금을 받았는데, 아침 일찍부터 저녁까지 일한 임금으로 평균 쌀 4되를 구매할 수 있어서 3~4인분의 식사를 해결할 정도였다.

어떤 인부는 너무 배가 고파서 쌀 몇 컵을 훔쳤다가 일본 사람한테 맞아 죽기도 했을 정도이다. 1903년까지 일어난 동맹파업은 점심을 물로 채웠던 노동자의 임금을 깎아서 이에 항의하는 것이었다. 목포가 6대 도시의 하나로 성장할 수 있었던 것은 조선인 노동자의 피와 땀의 대가로 빚어진 것이었다. 목포는 부두노동자뿐만 아니라 공장노동자, 하수도노동자에 대한 일본인 공장주나 청부업자들의 가혹한 착취와 저임금이 빈번하게 자행되던 곳이었다. 그래서 1920년, 30년대에도 15건의 노동쟁의가 발생하기도 했다.

이처럼 일제는 부두노동자뿐 아니라 모든 부분에 있어서 노동자를 착취하였다. 당시 부두노동자의 문제를 노동자 편에서 해결해 주는 사람이 있었는데 그는 천재 관료이자 사업가이며 학자인 김성규였다.

4) 무안 감리사 김성규

목포는 고종이 칙령을 내려서 개항한 최초의 항구다. 대한제국은 목포와 진남포의 추가 개항으로 관세 수입을 늘려 정부재정을 확충하고자 했다. 목포 개항과 함께 무안감리서와 목포해관도 설치했다. 당시 목포는 무안에 속해 있어 무안감리서가 설치됐고, 감리서는 개항장 내 외국 영사관과 외교 통상 업무를 수행함과 동시에 내국인의 생명과 재산을 보호하는 역할도 했다.

무안감리사 초정 김성규

무안감리사 초정 김성규는 농업과 사회 개혁의 선구자로 주목받았고 일제를 끼고 하는 갑신정변 세력도 거부하였다. 초정은 1887년 광무국 주사로 관직에 입문하여 고창군수, 장성군수, 무안감리를 거쳐 1905년 강원도 순찰사의 임무를 마칠 때까지 18년간 관계에서 활동하였다. 그는 늘 농민들 편에 서서 일을 하였을 정도이다.

그가 1903년 무안 감리(監理)를 지낼 당시에도 목포, 장성 등지에 학교를 세워 후진을 양성하는 교육 사업에 힘썼으며, 목포 부두노동자 파업과 관련하여 일본 영사관 상인들과 대립하였으며, 지역유지로서 많은 사회 활동을 펼쳤다.

1898년 2월 일본인이 임금 지급의 표준을 정하기로 협정을 맺자, 한국 노동자들이 동맹파업과 시위 등으로 7일간 대항했는데, 김성규의 주선으로 양국 상인이 협의하여 사태가 겨우 해결되었다. 같은 해 1898년 9월에는 한국 노동자들이 임금 인상을 요구하여 10일간 동맹파업을 벌였지만, 이번에도 양국 상인의 노력으로 사태가 해결되었다.

특히 무안감리사 초정 김성규가 적극적으로 노동자의 편을 듦으로 해서 그들의 문제는 잘 해결되었다. 그는 고창에서 현감으로 역할을 하면서

동학농민운동의 뒷수습까지 감
당하였다. 김성규는 나중에 대
지주가 되었지만, 공직에 있을
때, 전봉준과 전주 화약을 맺기
도 했고 집강소를 설치하는 데
적극적으로 협조한 개혁적인
인물이기도 했다.

1930년 목포의 조선인 지주 현황		
지주명	면적(정보)	소재지
문재철	608	무안
김성규	391	무안,장성,영암,나주
김원희	142	무안,영암
자남진	106	무안

1930년 목포의 조선인 지주현황

그는 동학혁명의 지도자 전봉준과 함께 집강소를 만드는데 아이디어를
제공하여 농촌개혁에 앞장선 천재적인 인물이기도 했다. 그의 손자도 훗
날 서울대 교수가 되었을 정도이다. 그가 목포(당시는 무안)에 무안의 감
리사로 와서 정부가 아니라 노동자의 편에 서서 그들의 요구를 들어주는
데 앞장을 선 것은 국가 관리로서 상상하기 어려운 일이었다.

김성규는 관직을 은퇴하고 그가 투자한 자본으로 사업하여 거부가 되
었다. 1930년도 목포의 조선인 지주에 김성규가 들어가 있을 정도로 성공
을 했다. 그는 거부가 되어 학교를 세우고 농촌개혁을 위해서 큰 노력을
하였다. 유한양행의 유일한 같은 사람이었다. 조선인 지주 1위는 대표적
인 친일파 문재철이었다. 두 번째가 김성규였다.

5) 일제의 세금착취와 매관매직

세금착취

청과 일본이 교전하고, 호남에서는 일본의 수탈이 노골화되어 탐관오

리들의 세금착취가 본격화되면서 조선 민중들은 물가고와 식량 부족에 허덕이게 되었다. 일제는 전비 마련을 위해 수단과 방법을 가리지 않았다. 2017년 일본 쥬오(中央)대학에서 펴낸 『일본의 전시재정』이란 책에는 이른바 벼락부자세, 전봇대세, 화대세로 불리는 기묘한 세금 항목들이 등장한다. 기생들의 화대세까지 400%로 늘렸다.

일제는 제1차 세계대전 중 전쟁물자와 선박 사업 등으로 떼돈을 번 벼락부자에게는 전시이득세라는 명목으로 2년 동안 약 60조에 해당하는 2억 9000만 엔을 거두어들인다. 일본인들에게 목포는 수탈의 장소였다.

매관매직

이러한 상황에서 정부는 재난지원금을 주기보다는 오히려 이전보다 훨씬 많은 세금을 거두어 민중을 착취하고 돈을 받고 관직을 직접 매매 하는 매관매직도

매관매직 실태

성행하였고, 돈을 주고 관직을 산 사람들은 비용 충당과 축재를 위해 민중을 수탈하는 방법도 다양해졌다.

다주택 소유자들에게 부동산 보유세를 높이니 임대업자들은 임대 세를 높여서 서민들을 착취하는 것도 이전이나 지금이나 별반 차이가 없다. 서민들은 예나 지금이나 설 자리가 없다.

다주택 보유세

경제적으로 궁핍하거나 피폐해지면 민중들은 이래 죽으나 저래 죽으나 마찬가지이기 때문에 폭동이나 혁명으로 가게 되어있다. 러시아의 혁명도 결국은 빵의 문제였다.

막스의 노동이론과 레닌의 실천이 맞물려져 노동자들은 빵을 위해 혁명에 나섰다. 동학교도들의 문제 역시 빵의 문제였다. 그들이 농사한 쌀은 탐관오리들과 일제에 의해 수탈을 당하기 일쑤였다. 농사

레닌의 러시아 혁명

를 지은 농민들에게 쌀이 없었다. 열가마의 분량을 농사하면 농민들이 차지하는 분량은 서너가마에 불과했다. 그러기 때문에 동학혁명이 발생하기 30년 전부터 전국은 농민항쟁이 끊이지 않았다. 세금착취로 인해 농민들은 부글부글 끓고 있었다. 이러한 와중에 동학혁명이 발생하니 전국적인 농민들의 지지를 받았다.

그러나 동학의 위대한 점은 빵에 머물지 않고 외세침탈에 대한 강력한 저항정신이자 독립운동 정신이 있었다는 것이다. 당시 농민들의 불만은 봉건 통치계급의 착취도 있었지만 청·일과 같은 외세의 침략에 대해 저항의식으로 발전하여 나갔다. 1894년 청·일의 개입으로 동학은 전주화

약을 깨고 탐관오리가 아니라 외세에 저항하기 위해 일어섰다. 그러나 그들에게는 근대식 무기가 준비되지 않았다. 정신만 갖고서는 일제와 청을 극복하기 어려웠다. 훗날 3.1운동도 무방비상태로 운동을 하였다가 650여 명이 죽고 말았다.

동학은 재래식 무기의 한계였고, 3.1운동은 비폭력의 한계였다. 빨치산을 토벌할 수 있었던 것은 군경의 막강한 화력이 있기 때문이었다. 광주시민 역시 근대식 무기를 소유한 군대와 대적하는 것조차가 한계였다. 군부는 심지어 헬기에서조차 사격을 가하기도 했다. 한 인간의 정치적 탐욕이 동족들의 살상을 가져왔다. 동학은 구성원들이 농민이고 동학교도라는 종교인들이었다. 농민의 정신과 종교의 신앙만 갖고 일본군대와 싸우는 것은 한계였다. 재래식으로 무장한 관군은 이길 수 있었지만 근대식 무기로 무장한 일본군대는 이길 수가 없었다. 너무나도 무의미한 전쟁이었다.

일본과 대처하는 동학교도

동학운동은 갑자기 발생한 것이 아니라 1862년부터 삼남의 70여 고을에서 농민봉기가 발생했고, 1892년에 전국적인 현상으로 나타났다.

동학은 결국 1년 만에 일제의 신식무기 앞에 무릎을 꿇었지만, 순수민족운동으로서 1919년 3.1 운동의 반외세 투쟁으로 이어지기도 하고, 1960년 4.19 운동, 1980년 5.18 광주민주화운동, 1987년 6.10의 반독재투쟁으로 이어지기도 하였다.

4.19 민주화운동

6) 동학운동과 배상옥

난세의 영웅 배상옥

동학운동은 정읍, 고창, 장성, 광주, 동복, 남평, 나주, 함평, 무안, 진도 등 전남까지 퍼져 나갔다. 전북에는 남접의 전봉준이 있었지만, 특히 전남의 동학운동을 이끈 사람들은 손화중, 최경선, 오권선, 배상옥이었다. 충청도의 우금치 전투 이외 전남의 장흥항쟁은 동학의 최후 격전지였다.

이들은 전봉준의 오른팔, 왼팔의 역할을 하였다. 손화중, 최경선, 오권선은 나주성을 공략하였고, 배상옥은 무안, 목포에서 활동하였다. 배상옥은 삼향면 대원리(목포시 대양동)에서 1863년에 태어나 함평, 무안지역의 동학군을 관장하여 33살에 죽고 말았다.

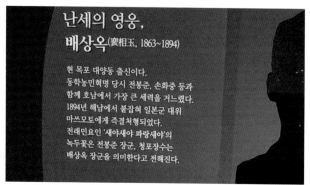

장흥 동학농민혁명기념관

민요 '파랑새야' 가사에 나오는 '청포장수'가 실존인물로 무안지역에서 대접주로 활동했던 배상옥 장군을 가리킨다는 흥미로운 주장이 있을 정도로 배상옥 장군은 용감무쌍한 사람이었다. 배상옥의 고향은 오늘날의 목포였지만 무안과 함평, 장흥에서 활동하였다.

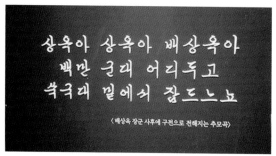

장흥 동학농민혁명기념관

배상옥 장군은 함평 · 무안지역의 동학군을 관장했고 일부 사학자들은 그 세력이 정읍의 손화중 포(包)와 맞먹고 전봉준이나 김개남보다 더 컸던 것으로 기록하고 있다.

배상옥 장군은 호남의 동학군 거물로서 전봉준 장군과 더불어 1,000냥의 현상금을 걸고 수배가 내려질 정도로 그의 몸값은 전봉준과 맞먹는 것이었다. 무안에서 그의 위세는 상당히 컸지만 결국 해남 윤규룡에 의해 신고되어 체포돼 처형됐다. 전봉준처럼 같은 동학군에 의해 밀고 되어 체포가 되었다.

윤규룡은 일제로부터 1,000냥을 상급으로 받았다. 돈 몇 푼에 자신의 지도자까지 밀고를 할 수 밖에 없는 것이 동학교도의 한계였다. 배상옥은 체포되었지만 무안의 전봉준이었다.

청포장수, 배상옥

"새야 새야 파랑새야 녹두밭에 앉지 마라 / 녹두꽃이 떨어지면 청포
장수 울고 간다"

녹두장군 노래

그동안 교과서 등에서는 전봉준의 별명이 '녹두장군' 이었기 때문에 '녹두밭' 은 농민군을, '녹두꽃' 은 전 장군을, '파랑새' 는 청나라 군대 혹은 당시 푸른색 군복을 입었던 관군이나 군모를 썼던 일본군을, '청포장수' 는 백성들을 의미하였고, 전 장군이 죽으면서 백성들이 울고 지낸다는 뜻으로 해석됐다.

그러나 일각에서는 전봉준의 세력이 무너지면서 무안지역 창포만 일대에서 활약했던 '청포장수' 배상옥이 절망에 빠진다는 내용의 노래라고 주장하기도 했을 정도로 배상옥 장군의 기세는 대단했던 것으로 알려졌다.

그는 목포 출신으로서 무안의 거괴, 하도 연해 지역의 괴수라고 불렸고, 그 세력의 형세는 동학군 2만 명을 이끈 전봉준의 2배, 김개남의 5배에 달한다고 하였다. 그는 청포장수가 되기에 충분히 적합한 인물이었다.

무안, 목포의 배상옥 장군과 무안 동학농민혁명군은 1894년 11월 15일, 나주 서쪽 지점 현 함평군 학교면 고막리인 고막포와 현 나주시 문평면 옥당리의 고막원 일대에서 집결하기도 하였다.

배상옥이 중심이 된 무안 동학혁명군은 약 2,000여 명이었고, 고막원 전투에서 패배하였지만, 영광, 해남, 강진 등의 동학혁명군과 함께 참전하여 장흥전투를 벌이기도 하였고, 완도까지 후퇴하기도 하였다.

동학의 고막포 전투

무안과 함평의 농민군 수천 명이 나주목을 점령하기 위해 1894년 11월 18일 나주 수성군과 치열한 전투를 벌였지만 11월 21일 일본군이 지원한 최신 무기로 무장한 수성군이 고막원 일대에 농민군을 공격해 동학군은

1백여 년 전 무안 동학군의 발자취를 따라 답사 참가자들이 고막다리를 건너고 있다.

참패를 당했다. 나주 수성군에 쫓긴 동학군들은 유일한 탈출로인 좁은 고막다리를 건너다 물에 빠져 죽거나 총칼에 학살당했다. 이것이 동학의 고막포 전투이다.

동학혁명전투 중에서 장흥의 석대혈전은 최후 혈전이라고 불리는 우금치 못지않은 최대 동학군의 전투로 기록되었다. 배상옥 장군은 장흥전투에 패배한 후, 해남에서 체포되어 1894년 12월 24일 총살을 당하고 말았다. 그의 위패가 청천사에 봉헌되었다.

▲ 배상옥 장군의 위패를 봉헌하고 있다.

◀ 배상옥 장군의 위패가 모셔진 청천사

동학농민의 한계

    불행하게도 동학운동은 일본보다 신식무기의 절대 부족으로 인해 충청도 공주 우금치 전투나 장흥 석대들 전투에서 패배하여 동학운동은 끝을 맺고 만다. 우금치 전투는 북접 손병희가 이끄는 경상도와 충청도 출신들의 동학 1만 명과 남접 전봉준이 이끄는 전라도 출신들의 동학 1만여 명이 연합하였지만, 일제의 근대식 무기 앞에 속수무책이었다.

    그동안 동학의 사회참여에 대한 의견 불일치로 인해 남북접 관계가 소원했지만, 극적으로 남접과 북접이 타협되어 2만여 명의 군사를 이끌고 우금치에서 대항하였으나 신식무기로 무장한 일본군에게 농민들은 대부분 살해되

개틀링 기관총을 난사하는 조선관군과 일본군

었고, 여기저기 흩어졌고, 일부는 해외로 도망가야 했다. 민중들을 수탈하여 구매한 개틀링 기관총이 민중들의 목숨을 앗아갔다. 우금치는 전투가 아니라 일본군들의 사격연습장이었다. 그들은 제대로 한번 싸워보지도 못

전투가 아닌 학살을 당하는 농민

하고 잔인하게 학살 당하였다.

19세기 후반은 조선 시대의 내부모순이 표출되고 밖으로는 자본주의를 앞세운 서양 열강의 침략이 노골화되어 봉건사회의 낡은 틀을 무너뜨리며 새로운 사회로의 발전을 모색하는 때였다.

1876년 개항 이후 조선은 청·일 각축장이 되었고, 1882년에는 임오군란, 1884년에는 갑신정변으로 청이 조선을 장악하던 시기였다. 1895년에는 일본이 경복궁을 침입하여 민비를 시해하여 을미사변이 일

경복궁에 침입한 일제

어났던 해이기도 했다. 일제의 본격적인 침략이 시작되었다.

전남과 목포는 항쟁으로 물든 지역이었다. 그러나 눈물만 흘릴 수는 없었다. 목포의 눈물을 닦아주기 위하여 미국에서 한 달 이상 배를 타고 태평양의 모진 파도를 극복하고 푸른 눈의 이국인들이 서투른 한국말로 복음을 전하고자 한국에 찾아왔다. 그들은 한 손에는 성경을, 다른 손에는 총칼이 아니라 근대문명을 들고 있었다.

3. 목포의 선교사들

1) 호남에 도착한 유진벨

호남선교의 대부 유진벨(Eugene Bell, 1868~1925, 배유지) 선교사는 남

장로교회 소속으로 동학혁명이 끝날 무렵, 1895년 4월에 제물포로 입국했고 , 오 웬 (Clement Carrington Owen, 1867~1909, 오기원) 선교사는 1898년 11월 6일에 입국했다.

유진벨과 오웬

유진벨 선교사는 1897년 목포선교부 (station, 주둔지), 1904년 광주선교부(주둔지)를 설립하고, 1913년 순천선교부 설립에도 일조한 호남선교의 일등공신이었다. 당시 호남은 선교하기에 좋은 환경이 아니라 반외세 척결을 부르짖는 동학난이 한창이었기 때문에 선교사들의 신변이 위협받을 정도로 선교환경이 어려웠다. 그러나 남장로교 선교사들은 호남선교를 하기 위하여 1892년을 전후로 해서 유진벨이나 오웬보다 앞서 7명이 입국했다.

1892년, 남장로교 7인의 선교사

남장로교회 소속인 7인의 선발대는 교단으로부터 선교사 파송을 받고 1892년 9월 7일 미국에서 출발하여 데이비스(Miss Linnie Davis)는 1892년 10월 18일, 나머지 6인은 11월 3일에 제물포에 도착했다. 한 달 이상 뱃멀

미를 하면서 선교사들은 어려운 항해 끝에 한국에 도착하였다.

유진벨은 이들보다 3년 후인 1895년 4월에 입국했다. 을미사변(1895년 8월 20일), 청일전쟁(1894년 6월~1895년 4월)사이 동학농민항쟁(1894년 3월 21일)이 있었던 어수선한 상황에 들어왔다. 민족적으로는 희망이 없었던 상당한 암흑기였다. 동학군의 해산에도 불구하고 1차 봉기를 빌미로 조선에 입성한 일본군은 내정간섭을 강화하였고, 1894년 6월 2일 김홍집을 앞세운 친일내각을 설립하여 조선 정부에 내정개혁을 강요하였다. 이어 6월 21일에는 경복궁에 침입하여 고종을 감금하고, 23일 청·일전쟁을 일으킨 후, 25일 1차 갑오개혁을 강행하였다.

이러한 혼란한 상황에 680년 경주에 돌 십자가가 들어온 이후, 1,200년 만에 선교사들이 한가닥 희망을 안고 이 민족에 찾아왔다. 그중에서도 전라남도에 가장 영향을 끼친 선교사는 유진벨이었다. 전북에 테이트와 전킨이 있었다면 전남에는 유진벨과 오웬이 있었다.

1895년 동학이 끝날 무렵 4월 조선 땅을 밟았던 유진벨(1868~1925년)은 1925년 9월 숨을 거둘 때까지 30년간을 호남에서 활동하였고, 그의 손자들은 지금까지 활동하고 있다. 그는 죽어서도 후손을 통해 말한다. 1895년의 조선은 청일 전쟁, 동학혁명 이후 결핵과 콜레라가 전국을 뒤흔들고 있었다. 지금은 코로나 19 때문에 한반도가 휘청거리지만, 당시는 콜레라로 인해 서구의 의술이 열악했던 조선 정부가 상당히 어려운 상황이었다. 유진벨이 제물포를 통해 한반도에 도착하자 고종 황제는 콜레라 퇴치를 요청하기도 하였다.

유진벨은 1897년 목포에 들어와 목포선교부를 세우고 본격적인 병원, 학교, 교회를 세워 동학의 후유증이 창궐한 목포를 치유하였다. 그러나

1901년 4월 군산에서 아내 로 티의 죽음으로 유진벨은 충격을 받고 미국으로 건너갔다.

유진벨의 아내 로티와 자녀들

유진벨은 미국에서 2년 후 인 1903년 마가렛트 벨과 혼인한 후 한국으로 다시 돌아왔지만 마가렛트 벨마저 1919년 3.1 독립운동 때 일본헌병들의 방화로 수많은 교인이 학살당한 제암리교회 현장을 돌아보고 귀가하던 중, 교통사고를 당했다. 그가 직접 운전하고 내려오던 차가 열차와 충돌하면서 두 번째 아내가

유진벨이 미국에서 가져온 자동차

그만 숨을 거두고 말았다.

유진벨은 1921년 9월 줄리아 디저트 선교사와 세 번째 혼인하였지만, 이번에는 유진벨이 혼인 4년 만에 영원히 호남을 떠나고 말았다.

그는 1895년 4월 8일 한국에 파송되어 1897년에는 목포선교부를, 1904년에는 광주선교부를 설립하고 1913년에 프레스톤을 파견하여 순천선교부 설립에도 일조하였다. 유진벨은 병원, 학교, 교회라는 삼위일체의 선교를 개시했다. 그 결과 2개의 병원, 4개의 학교 등 20여 개의 교회를 개척하였고 현재 그의 4대손까지 한국선교를 위해 일을 하고 있다.

유진벨의 선교 방법은 철저하게 선교부(station, 주둔지)를 통한 복음전파였고, 병원과 학교는 사람을 치유하고 문맹을 일깨우는 등 선교의 도구로 일익을 담당하였다. 유진벨은 1897년 첫 선교지인 목포에서 우선 한국 젊은이들의 문맹을 퇴치하기 위해 정명학교와 영흥학교를 세워 항일의식을 고취시켰다. 그래서 두 학교가 3.1운동에 앞장서게 되었다. 이외에도 유진벨은 목포 양동교회를 세워 지역 복음화를 위한 중심점으로 항일정신을 일깨우는 민족교회로써의 역할을 하게 했다.

유진벨은 원래 나주부터 선교를 하려고 하였지만, 보수적인 유림과 유생들의 반대에 부딪혀 나주 선교를 포기하고 목포로 향했다. 나주는 조선의 국교를 유교로 했던 정도전의 유배지이기도 했다.

나주 정도전 유배지

목포의 역사는 유진벨 없이 근대역사를 쓰기 힘들 정도로 유진벨은 목포의 눈물을 씻어주는 데 일익을 담당하였다. 이난영은 노래했고 박화성은 글을 썼지만, 유진벨은 실천했다. 그는 목포의 부두노동자 파업을 보면서 목포주민들이 더욱 나은 세상에서 살기를 요망, 학교와 교회, 병원을 설립하기로 하였다. 식민지체제와 수탈과 착취에 대항하는 의식을 부여하기 위하여 근대식 교육기관을 세워야 한다는 일념을 갖고 여학교와 남학교를 세웠다.

목포 정명여학교는 1903년 미 남장로교의 선교 목적으로 세워진 학교로서 전라남도 최초의 여성 교육기관이다. 정명여학교는 1919년과 1921년에 만세 시위를 벌인 학교로 유명하다. 목포의 유관순들은 비밀리에 거사를 준비하고 실행에 옮겼다.

정명여학교는 1937년 신사참배를 거부해 폐교 당했다가 1947년에서야 재개했다.

1903년설립된 호남지역 최초의 여성 교육 기관인 정명학교의 1920년대 전경 모습

목포 정명학교 최초의 학생들

정명학교 출신 여류작가 박화성은 개교 80주년을 맞이하여 정명학교에 대해 시를 쓰기도 했다.

"당신이 길러내신 어린 딸들은/가지각색의 꽃으로/울긋불긋 곱고 아름답게/활짝 피어나 산지사방으로/그 향기를 풍겨내고 있습니다/그리고/그 향기는 앞으로도 길이길이/이어가고 있을 것입니다."

정명학교 출신, 박화성

1903년 신축된 정명학교는 현대식으로 발전했다.

정명학교의 현대식 건물

독립기념비

정명여자고등학교

정명학교 선교사 사택

1922년 4월 촬영한 목포의 영흥학교 브루스 커밍 교장의 전별 기념사진.
알렉산더가 기부해 세운 건물이다.

영흥중고등학교도 유진벨의 기독교정신을 보여주고 있었다. 또한 유진
벨을 기념하기 위해 유진벨 기념관을 '유집기념관' 이라고 이름 지었다.

목포 영흥중고등학교

목포 영흥중고등학교(유진벨 기념관)

유진벨 등 미국 선교사를 통해 들어온 새로운 문명과 미국이라는 서구는 조선 신분 사회에서의 탈출을 노리는 하층민과 직업군인들, 신세계를 동경하던 어린 여자들에게 꿈을 안겨주었다. 노동자들에게도 마찬가지였을 것이다.

요약하면 유진벨은 목포에 오자마자 목포선교부(주둔지)의 일환으로 교회, 남녀중등학교(1903년), 프렌치 기념병원을 세웠다. 불행하게도 병원은 사라지고, 교회와 학교만 남아있다.

양동교회

　양동교회는 1898년에 약 30여 명의 인원으로 개척을 시작했지만 신사참
배 전인 1936년까지 6,400여 명이 예수를 믿게 된다.

　이중 세례교인은 3,177명이었다. 1898년에는 호남에 하나였던 예배당이
1936년에는 131개의 예배당으로 늘어나게 되었다. 유진벨의 선교행전은
기적을 창출하였다. 그는 복음을 통하여 목포인들의 눈물을 씻어주고자
했다.

양동교회

초기의 양동교회 교인들(1902년)

1900년 8월 첫 세례식이 있었고, 1903년에는 300여 명의 교인이 힘을 합쳐 예배당을 건립하였다. 1906년 목포 부흥운동의 결과 교세가 확장되자 교인들이 다시 교회당을 짓게 되면서 1911년 석조예배당을 완공하였다. 목포에서 유진벨의 4년간의 선교는 그가 목포를 떠난 이후에 결실을 맺었다.

유진벨이 느꼈던 한국의 첫인상은 지저분하고, 밥은 맛이 없고, 싸움을 잘하는 민족으로 인상이 좋지 않았지만 선교를 결심하면서 한국에 대한 인상은 바뀌기 시작했고, 눈물의 목포를 희망의 목포로 만들기 위해 안간힘을 썼다.

누구나 그렇듯이 선교사들에게 가장 힘든 것은 사랑하는 가족들이 현장에서 죽는 것이었다. 마틴 잉골드의 자식이나, 다른 선교사들의 가족들이 이름 모를 풍토병으로 어려서부터 견디지 못하고 목숨을 잃었다.

호신대 묘역에 묻힌 선교사들 자녀

마티 잉골드의 딸
(Mattie Ingold Tate daughter)

예수병원 초대 병원장이었던 마티 잉골드는 1905년에 테이트 목사와 결혼한 후 1910년 11월에 딸을 사산했다. "그것은 우리에게 가슴 아프고 비통하며 실망스러운 일이었다. 우리는 그렇게 원했던 이 작은 생명을 잃어 버린 것이다." 잉골드 부부는 이후 자녀를 낳지 못했다.

마티 잉골드 자녀
(Mattie Ingold Tate's daughter)

윌리엄 크레인
(William L. Crane)

미첼의 자녀
(Mitchell's son)

헨리 타몬스의 자녀
(Henry L. Timmons Jr.)

윌리엄 클락의 자녀
(William H. Clark's son)

윌리엄 린톤의 자녀
(William A. Linton's daughter)

예수병원 묘역에 묻힌 선교사들의 자녀

2) 오웬의 의료사역

유진벨이 세운 양동교회는 민족교회였고, 정명학교와 영흥학교는 민족
학교였다. 유진벨과 함께 사역한 오웬은 전라남도 최초의 근대식 병원을
세우기도 했다. 오웬은 1898년 11월 목포에 도착했고, 불과 몇 달 만에 400
여 명의 환자를 진료하여 선교의 돌파구를 열기도 하였다. 전북에 잉골드
가 있었다면 전남에는 오웬이 있었다. 오웬이 있었기에 유진벨의 사역이
가능했다. 그들은 바울과 바나바와 같은 사람들이었다.

같은 해 11월 목포에 도착한 의료선교사 오웬(Clement C. Owen)의 진료
활동으로 교회는 더욱 성장하였다. 선교사들의 활동 가운데 의료 및 교육
활동은 목포의 근대문화 형성에 많은 도움이 되었다. 그들의 사역이 성공
할 수 있었던 것은 의료선교를 병행했기 때문이다.

부란취병원

오웬은 버지니아 유니온신학교를 졸업하고 의학 석사를 마치고 1898년 11월 6일, 미국 남장로회 소속 선교사로 내한하여 목포선교부에 의료선교사로 부임했다. 1년 뒤 오웬은 1899년 현대식 의료센터인 목포 진료소를 개설하여 전라남도 최초의 서양 의료 진료소를 운영했다.

그러나 리딩햄(Mr and Mrs. Roy S. Leadingham, 한삼열)이 병원장으로 근무하던 1914년 목포 진료소 화재 사건이 있었다. 병원 전체가 전소되었으며, 한국인 조수 윤병호가 안타깝게도 순직하고 말았다.

화재로 진료소를 잃은 목포선교부는 새로 병원을 세우는 게 급선무였는데, 선교부 차원에서는 어려운 일이었다. 감사하게도 이 소식을 들은 미국의 미주리주에 사는 프렌치(Charles W. French)는 유산을 제공하고, 요셉교회(St. Joseph Church) 성도들은 헌금을 모아 보내줘 병원을 신축케 하였다. 1916년에 병원을 완공하여 후원을 한 프렌치의 이름을 따서 프렌치 메모리얼병원(French Memorial Hospital)이라 하였다.

이와 같이 1899년 목포 진료소를 개설한 지 10년 후인 1909년에는 191평 규모의 번듯한 석조양옥의 '부란취(富蘭翠)'(French Memorial Hospital) 병원을 개원시켰다. 그때 당시 동료였던 의학박사 윌리엄 해밀톤 포사이트(William Hamilton Forsythe, 1873~1918, 보위렴)가 '프렌치 메모리얼'의 기부를 받아 병원을 개원하는데 중추적인 역할을 감당했다. 오웬은 의료선교의 여세를 몰아 1904년 12월 19일 유진벨과 함께 광주로 이주하였고, 광주지역에서는 제중병원(현, 기독병원)의 시작이 있게 한 장본인이다.

비록 현재의 기독교병원 건축은 오웬이 숨진 지 3년 뒤인 1911년에 이루어졌지만 호남 선교사에 지울 수 없는 발자취를 남겼다. 오웬과 포사이트가 활약했던 일제 강점기 동안 목포에는 목포 부립병원이 있었지만, 이

는 주로 일본인들을 위한 병원
이었다.

목포 부립병원

부란취병원은 조선인들을
위한 병원이었다. 당시 매년
7~8천 명의 환자들을 진료했
다고 전해지고 있다. 목포는
그 후 포사이트, 놀란, 버드만,
하딩, 리딩햄, 길머, 그리고 할리스터까지 8명의 의사가 찾아왔다. 간호사
는 릴리 라스롭, 메리 베인, 에스더 매수스, 조지아나 휴슨 등의 미혼 여
성과 목사 사모를 겸했던 에밀리 코넬(Mrs. MaCallie), 마가렛 에드먼즈
(Mrs. Harrison), 버지니아 커밍(Mrs. Cumming) 등이 있었다.

1910년엔 미국 유학을 다녀온 한국인 오긍선 의사
가 잠깐이나마 목포의 환자들을 진료, 근무하기도
했다.

오긍선

남장로교는 프렌치병원에 1931년까지 의사를 파
송하여 진료하고 치료했다. 그러나 그 이후엔 의사
선교사를 보내지 않았으며, 한국인 의사들로 병원을
운영했으나, 일제 치하에서 인력 부재와 재정 부족으로 어려움을 겪었다.

1940년까지 지속하긴 했는데, 해방을 지나면서 제대로 관리하지 못하
고 병원 건물이 소리소문없이 소멸하였다. 미남장로교 호남 선교부의 기
독병원들이 지금까지도 한국 사회에서 크게 이바지하며 온전히 전통과
역사를 이어오고 있는데, 5개 선교부 가운데 유일하게 목포의 기독교 프
렌치병원의 명맥만 끊어져 버린 것은 참으로 아쉬운 일이다. 그러나 당

시에는 많은 환자를 치료해 선교에 큰 도움이 되었다.

이상, 목포는 부두노동자의 노동력 착취와 동양척식회사의 수탈을 통해 목포사람들의 눈물이 있는 곳이다. 탐관오리들, 친일파, 일제는 눈물을 흘리게 했던 장본인들이다. 민중들은 동학혁명 이후 숨 하나 고르기가 어려울 정도였다.

그래서 많은 사람이 고향을 버리고 만주로 향하곤 하였다. 그들의 후손이 오늘날 조선족이 되었다. 그야말로 동학혁명 이후 목포는 일제의 수탈로 바로 이어져 서민들은 숨 쉴 틈조차 없었다. 근대화와 개항을 한다고 좋아했지만 얼마 안 가서 일제의 경제적 침략의 야심이 드러나면서 민중들은 정든 고향을 버리고 떠

삼학도 파도

나아만 했다. 삼학도의 파도는 멈출 줄 모르고 쉴 새 없이 쳐왔다.

이처럼 희망 없는 땅에 호남선교의 거장 유진벨이 1897년에 도착해서 1904년 목포를 떠날 때까지 엄청난 일을 했다. 유진벨이 세운 선교부를 중심으로 목포가 발전했고 선교부를 중심으로 양동교회, 정명학교, 영흥학교 등이 발전했다.

그 학교를 통하여 훌륭한 인재들이 배출되었고, 학생들은 신문화와 항일정신, 제국주의에 대해서 알게 되었다. 나아가 선교사들이 전해준 기독교 신앙을 통하여 신사참배가 우상숭배라는 것을 알게 되었고, 교육을

통하여 민족자결 정신과 인권을 배우게 되었고, 병원을 통하여 치명적인 질병들은 양의학을 통해서만 치료받을 수 있다는 것도 알게 되었다. 눈물의 목포가 서서히 기쁨의 목포로 변하고 있었다.

유진벨은 6년 동안 목포 사역을 마치고 오웬과 함께 광주로 떠났지만 그들의 사역은 목포에 엄청난 영향을 주었다. 훗날 목포에서 대통령이 배출되고, 여류문학가가 나온 것은 우연이 아니었다. 하나님께서 유진벨과 선교사들을 통하여 목포를 축복하셨기 때문이다.

제3장
천사의 섬, 신안

제3장

천사의 섬, 신안

1. 신안의 지리와 위치

　신안은 전라남도 남서부에 있는 다도해로 이루어진 군으로서 2읍 12면에 전체 인구는 약 4만 2천여 명이다. 신안은 1,004개의 섬으로 이루어졌고 이것을 기념하기 위하여 얼마 전에 10.8㎞의 1004대교를 만들기도 했다.

천사대교

신안은 동쪽으로는 무안군 해제면과 인접하고, 서북쪽은 모두 서해와 직할 섬 지역과 인접하고, 남쪽으로는 압해도를 기준으로 목포와 마주한다.

신안군청은 압해도에 있다. 신라 경덕왕 때 신안군은 압해군이라고 불렸고, 이 당시에는 압해도가 중심이었다. 1914년에는 무안군으로 통폐합되었다가, 1969년에는 무안군으로부터 분리되어 새로운 무안이라는 뜻에서 신안이라는 이름이 붙었다.

신안 지도

2008년에 압해읍 본섬에서 목포로 가는 다리가 만들어졌다. 2010년에는 지도읍에서 증도면의 본섬으로 통하는 다리가 놓이면서 최소한의 읍소재만큼은 한반도의 본토와 연결되었다. 신안군청이 압해도로 옮겨가면서 2013년 압해도 북쪽에 김대중 대교가 추가로 놓였고, 남쪽의 목포와 북쪽의 무안, 양쪽에 도로교통망을 갖추게 되었다.

이제는 문준경 전도사가 사역했던 증도까지 다리로 연결되어 차로 운전해서 갈 수 있게 되었다.

김대중 대교

증도대교

증도 지도

　육지와 연결된 압해도, 지도, 증도, 암태에서는 시외버스를 타고 광주나 목포, 무안 등지로 나갈 수 있으며, 지도읍 읍내리의 자동차 터미널에서는 고속버스도 이용할 수 있고, 암태 남강여객터미널에서는 서울남부터미널행 시외버스를 이용할 수도 있다.

　본래는 인터넷 예약이 센트럴 출발 편만 가능했는데, 현재는 지도읍 출발 편도 코버스(kobus)에서 예약이 가능하다. 신안은 더는 섬이 아니다. 신안은 무안과 목포권역에 속한다.

　신안이 목포권역에 속하기 때문에 목포의 영향권에서 항일의식도 뛰어났지만, 복음도 쉽게 접할 수 있었던 지역이었다. 특히 암태도는 제2의 동학이라 일컬어질 농민혁명이 있었던 지역이다. 암태도는 목포에서 서쪽으로 28.5km이고, 서남단 해상에 있으며 총 40.08㎢의 면적 중 유용 농경지가 13.25㎢나 되는 작은 섬이다.

암태도는 돌이 많고 바위가 병풍처럼 섬을 둘러싸고 있어 붙여진 이름이다. 9개의 큰 해수욕장을 가진 이웃 섬 자은도와 달리, 변변한 모래사장 하나 없어 내세울 것이 마땅치 않은 암태도는 본래 쌀 한 톨 구경하기 힘든 척박한 땅이었다. 그러나 암태도 주민들은 넓은 경지를 개간하여 옥토로 만들었다.

2. 신안의 사회적 배경

신안의 암태도에는 1923년부터 1924년 8월까지 동학혁명처럼 소작인들이 벌인 농민항쟁이 있었다.

암태도 소작농 사건 기사화

동학혁명이 끝난 지 38년 만에 다시 농민항쟁이 작은 섬 암태도에서 발생하였다. 이번에는 소작농이 승리하였던 대표적인 제2의 동학 사건이었다. 1920년대 일제의 저미가(低迷價) 정책으로 지주의 이익이 감소하자, 지주는 소작농들에게 8할의 고율로 소작료를 징수하였고, 소작농들은 1923년 9월 서태석의 주도로 암태 소작회를 결성하고 지주 문재철에 대해 소작료를 4할로 내려 달라고 요청하였다.

친일파 지주인 문재철이 이를 묵살하자, 소작인들은 불납운동을 계속하고, 1924년 문재철을 규탄하였다. 소작인들은 조선노농대회에 대표를 파견하여 소작문제를 전 국민에게 호소하기로 하였지만, 일제의 탄압으로 무산되었다. 문재철은 제2의 고부 군수 조병갑이었다.

암태도 소작쟁의를 일으킨 친일 거대지주 문재철(1883-1955)

그러나 농민들은 굴하지 않고 여론에 호소하였고, 암태 청년회 회장 박복영(朴福永)이 앞장서서 쟁의를 주도하였다. 암태 부인회도 참여하였고 암태도 전 주민이 함께하였다. 소작농들의 항전이었다. 그런 의미에서 고부 군수 조병갑에 항전한 동학농민들과 유사한 양상을 띠었다.

고부 군수 조병갑

농민들은 목포경찰서와 법원 앞에서도 시위하며 단식투쟁을 전개하였고, 지주 문재철의 집에 몰려가 송덕비를 허물기도 하였다. 시위하다가 일제 경찰에 의하여 26명이 잡히기도 했다.

그러나 암태도 소작농들은 여기에 머물지 않고 격렬하게 투쟁을 하여 소작 농민항쟁의 소식은 각계각층의 여론을 일으키게 되었다. 이에 따라 서울·광주·목포 등지의 한국인 변호사들은 무료변론을 자청하였으며, 서울·평양 등지에서는 지원 강연회와 지원금 모금활동이 전개되었다. 또, 목포에서는 시민대회가 계획되기도 하였다.

이렇게 암태도 소작쟁의가 사회문제로 대두하여 세인의 관심을 끌게 되자, 일제는 쟁의가 확산되는 것을 막기 위해 중재에 나섰다. 목포경찰 서장실에서 일제 관원 측을 대표한 전라남도 경찰국의 고가(古賀) 고등과 장의 중재로, 지주 문재철과 소작인을 대표한 박복영이 참석한 가운데 다음과 같은 타협을 보게 되었다.

① 지주 문재철과 소작인회간의 소작료는 4할로 약정하고, 지주는 소작인회에 일금 2,000원을 기부한다. ② 1923년의 미납소작료는 향후 3년간 분할 상환한다. ③ 구금 중인 쌍방의 인사에 대해서는 9월 1일 공판정에서 쌍방이 고소를 취하한다. ④ 도괴된 비석은 소작인회의 부담으로 복구한다.

이렇게 4개 항이 약정되어 1년간에 걸친 쟁의는 소작인 측의 승리로 일단락되었다. 암태도 소작쟁의의 영향은 전국으로 또는 전라남도지방, 특히 서해안 도서지방의 소작쟁의를 자극하였다. 1925년의 도초도(都草島) 소작쟁의, 1926년의 자은도(慈恩島) 소작쟁의, 1927년의 지도(智島) 소작쟁의는 좋은 사례이다. 이러한 쟁의는 한국농민운동 사상 의미 깊은 것으로 평가되고 있다. 동학혁명의 연속이었다. 암태도 농민항쟁은 제2의 동학혁명으로서 소작농들이 처음으로 지주와의 싸움에서 승리한 운동이었다. 신안은 목포와 무안의 영향권에 있었고, 목포 부두노동자와 무안의 동학혁명 정신이 그들의 항쟁의 정신적 토대를 이루었다.

암태도 농민항쟁 사적비

3. 신안 선교사의 대부, 맥컬리

신안은 목포의 부두노동자의 동맹 정신과 동학혁명의 농민 항쟁 정신이 여전히 흐르고 있었다. 이러한 일제와 지주에 대해 한이 서려 있는 곳에 신안의 눈물을 씻겨주기 위해 그리스도의 복음이 선교사들을 통하여 조심스럽게 흘러 들어가고 있었다.

맥컬리(맹현리)와 여선교사들

전라남도 신안군에 기독교가 전파된 것은 1908년 3월 목포항에서 미국 남장로교 선교사 맥컬리(H.Douglas McCallie, 1881~1945, 맹현리)에 의해서였다. 미국 남장로교회는 1907년에 맥컬리 선교사를 한국에 파송하였다. 그는 목포선교부에 배정받아 배를 타고 목포 인근 신안지역에 활발하게 복음을 전했다.

그는 1907년에 한국에 와서 1930년 귀국할 때까지 23년간 한국에 머물면서 사여을 한 열정적인 선교사였다. 그는 신안 앞바다 도서지방과 진도, 완도, 해남, 강진, 장흥 등지를 순회하면서 수많은 교회를 개척한 사람이다.

그가 23년 동안 세운 도서지방과 내륙의 교회는 해남의 이진, 의야리교회, 신안의 대척, 장고, 예리, 자라교회, 장항의 지천교회 등이며 성장시킨 교회는 해남의 선두리, 우수영, 논송리, 맹진, 고당리, 남창리, 예략, 원진, 연당, 진목리, 삼금리, 여수의 우학리, 진도읍, 분토리, 비금 덕산교회 등이다.

그는 텍사스에서 모래유전 사업으로 많은 돈을 거머쥔 거부 아버지에게 자가용 배를 요청하여 간호사인 그의 아내 에밀리(Mrs. Emily Cordell McCallie, 1873~1931, 맹부인)와 함께 자가용 배로 도서 지역에 복음을 전했다. 그야말로 캡틴 선교사였다.

의료기술을 가진 그의 아내는 미신에 의존할 수밖에 없었던 섬사람들에게는 그야말로 치료의 구세주였다. 그래서 많은 사람이 복음을 쉽게 접할 수 있었다. 맥컬리(맹현리)는 도서선교의 대부로서 교회 개척 및 서남해안 일대 도서 선교사역을 했다. 목포 정명여학교(현 목포 정명여자중고등학교)도 미국 맥컬리 본가에서 기부금을 받은 선교사 맥컬리의 협조로 3층의 석조 건물로 총 2백 40평을 신축했다. 맥컬리 부부는 헌신적으로 신안 선교에 임하였으며, 주방장, 대서인, 개인비서 등 4~5인이 자가용 배(복음선)를 타고 목포 앞 바다에 있는 도서(島嶼) 지역을 순회하며 전도했다.

이 지역은 남서쪽으로 160km, 북동쪽으로 240km 이내 지역으로 인구만 해도 10만 명 이상이었다. 그가 보고했던 1910년의 보고서를 보면 95개의 섬, 5백여 개의 마을에 3개의 교회가 세워졌으며, 임시 예배 처소만 해도 25개 처나 설립한 것으로 나타났다.

맥컬리 선교사가 범선에 몸을 싣고 장장 10시간이란 긴 시간을 기도하면서 항해해 어느덧 비금도(비금면) 월포리에 정착하여 예배드린 것이 비금 덕산교회의 출발이었다. 이때 강낙언이라는 사람이 첫 신자가 되었다. 월포리에 사람들이 모여 들자 맥컬리 선교사는 곧 자신의 조사인 마서규를 파송하여 예배를 인도케 하였다.

"무안군(분군에 의해 현 신안군) 덕산리교회가 성립하다(1908년). 선 시에 본리인 강낙언이 믿고 전도하여 신자가 초진(稍進)하여 예배당 을 신건하고 선교사 맹현리와 조사 마서규, 이행언, 김경운, 김봉현 등이 차제(次第)에 시무하니라."[조선예수교장로회사기 전남 서남부 (1898~1923년)편]

제10대 윤희석 목사(두번 째 줄 왼쪽에서 여섯 번째) 송별기념(1956. 6)

당시 맥컬리 선교사의 복음선은 섬사람들의 호기심의 대상이었고 섬사람들에게 그는 최초의 서양인이었다. 본인이 직접 구매한 배를 가지고 도서 지역에 선교를 한 맥컬리 선교사는 도서지방 선교의 일등공신이었다.

맥컬리 선교사는 처음에는 돛단배 한 척을 빌려 1전씩 하는 쪽 복음과 수천 장의 전도지를 싣고 조수의 흐름에 따라 섬들을 방문하여 전도했다. 기간은 2주에서 6주 동안으로 다양했다. 나중에는 자신이 복음선을 직접 운전하면서 섬 지역에 복음을 전하고 다녔다. 그래서 신안지역 선교의 일등공신은 맥컬리 선교사이다.

그 이외 맥컬리는 신안 섬에 있는 여성들을 목포에 유학시켜 신교육을 받게했다. 미국에서 유전(油田)을 가진 석유 재벌의 자녀였기에 선교비에 대해서는 다른 사람보다 비교적 여유롭게 사용할 수 있었다. 그는 매일같이 배를 타고 다니면서 성례전을 앞두고 문답을 하는 등 사역을 게을리 하지 않았다. 아버지의 부를 선교에 최대한 활용하였다.

때로는 열악한 위생시설을 갖춘 어촌에서 먹고 자고 해야 하는 일은 그에게 큰 고통이기도 하였지만, 복음을 전한다는 기쁨에 모든 것을 이겨낼 수가 있었다. 그는 완도까지 배를 타고 복음을 전했던 진정한 캡틴 선교사였다.

맥컬리 선교사는 덕산교회에 마서규 조사를 첫 교역자로 파송했으며, 당시 마 조사는 해남 출신으로 목포선교부에서 선교사들의 도움으로 해남 일대에서 활동했으며, 비금에는 첫 조사로 부임했었다.

1911년 비금 덕산교회 관리당회장이었던 맥컬리 선교사는 3명에게 첫 번째 세례식을 거행했으며, 그 가운데 한 사람이 김경운 서리 집사다. 교회는 계속 교인이 늘었으며, 신안군의 첫 어머니 교회의 집사로 임직한 김경운은 제3대 교역자로 비금교회 강단을 지켰다. 당시 덕산교회이다.

4. 비금도 사역

비금도는 목포항에서 45km 떨어진 지역으로 서쪽으로는 도초도와 마주하고 동쪽으로는 자은도를 바라보고 있다. 조선 시대는 지도군에 일본 강점기 때는 무안군에 속해 있었지만 1969년 1월 신안군으로 편입하여 오늘에 이르고 있다. 비금도라는 이름은 섬의 모양이 마치 날아가는 새와 같다고 하여 붙여진 이름이다.

비금도

맥컬리는 훗날 1908년 비금 덕산교회와 1907년 완도 약산제일교회의 당회장이 되기도 했다. 약산제일교회는 1905년 오웬 선교사가 완도까지 와서 세운 교회이다.

완도 약산제일교회 연혁

약산제일교회

맥컬리 선교사는 약산제일교회 2대 당회장으로 섬겼다.

비금 덕산교회

비금도에는 1908년 비금 덕산교가가 세워졌다. 예장통합 100회 총회장을 지낸 채영남 목사와 그의 모친도 이 교회출신이다. 현재는 황규석 목사가 담임을 하고 있다.

맥컬리 부부가 1907년 목포선교부에 부임해 자가용 배를 갖고서 주로 신안 도서지방을 비롯하여 해남, 강진, 장흥, 진도, 완도 해안 등지를 순회하면서 교회를 설립했다.

본 교회는 1908년 명천리 신교사가 강낙원, 마석규 씨와 함께 입도하여 임리동에 교회를 설립하여 예배를 드렸다. 이것이 덕산교회의 출발이 되었고 활발한 선교 활동으로 교회가 부흥 함으로 상암 방동 읍동으로 교회를 이전, 오늘의 비금 덕산교회가 되었다.
선교사의 관리 시대를 지나 정인배 전도사를 비롯해서 많은 목회자들이 사역해 왔다. 그후 도서지역의 대표적인 교회로 성장해 왔으며 교회창립 100주년을 맞이하여 여기 기념비를 건립하다.

2008. 3. 13.
비금덕산교회 교인 일동

비금 덕산교회 창립 100주년 기념비

맥컬리 선교사가 신안군 비금도에 입도하기 전 목포에서 비금출신으로서는 최초로 기독교를 믿었던 강낙언 씨가 맥컬리 선교사와 함께 1908년 3월 비금도에 입도하기 위해서 10시간이나 걸려 배를 타고 비금도 해변에 있는 월포리에 천막을 치고 전도했는데 많은 사람들이 모여들었다. 맥컬리는 곧 바로 4칸짜리 예배 처소를 마련하여 그곳에서 예배를 드렸다. 그것이 덕산교회의 시작이었다.

비금 덕산교회

비금 덕산교회를 통하여 많은 복음의 씨앗이 비금도에 퍼져나갔다.

교회이름	주소	전화	교단
가산교회	전남 신안군 비금면 가산리	061)275-5661	예장합동
갈보리교회	전남 신안군 비금면 덕산리	061)275-5442	예장합동
당산교회	전남 신안군 비금면 당산리	061)275-6012	예장합동
노고교회	전남 신안군 비금면 도고리	061)275-5504	예장합동
비금덕산교회	전남 신안군 비금면 덕산리	061)275-5174	예장통합
비금동부교회	전남 신안군 비금면 용소리	061)275-6067	기성
비금서부교회	전남 신안군 비금면 죽치리	061)261-4606	예장통합
비금제일교회	전남 신안군 비금면 지당리	061)275-5551	예장통합
비금중앙교회	전남 신안군 비금면 신원리	061)275-4864	예장합동
서산교회	전남 신안군 비금면 고서리	061)275-4573	예장통합
송치교회	전남 신안군 비금면 수대리	061)262-5176	예장통합
신안교회	전남 신안군 비금면 신원리	061)275-4608	예장합동
신안제일교회	전남 신안군 비금면 구림리	061)275-5737	예장합동

신안선교, 박도삼 장로

맥컬리 선교사는 처음에는 마서규를 비금 덕산교회의 초대 전도사로
파송했고, 후에 박도삼을 전도해 이 교회에 참석하게 하였다.

박도삼은 덕산교회를 왕래하면서 맥컬리로부터 순회 전도인으로 임명을 받은 후, 1915년에 흑산도 예리교회를 처음으로 개척하였다.

이후 박도삼은 대둔도, 다물도, 상태도, 하태도, 가거도까지 교회를 세우고 자신의 고향인 도초에 중앙교회 (1922), 지남교회(1930), 수다교회(1933)를 설립했다. 시인이자 목사인 고훈 목사가 도초중앙교회 출신이다.

박도삼 장로 선교기념비

이후에도 박도삼을 통한 많은 전도인들이 계속 복음전파를 하여 섬이 있는 곳마다 교회가 세워지게 되었다. 맥컬리의 사역이 박도삼 장로를 통하여 이어졌다.

박도삼은 목포선교부에서 인정받은 일군이 되어 1943년 도초중앙교회에서 초대 장로로 임직을 받게 된다. 박도삼 장로는 거부였지만 부를 포기하고 전도인으로 활동하게 되었다. 박도삼의 전도를 받았던 최명길은 훗날 목포 연동교회에서 사역하였고, 6.25 전쟁 때 순교한 인물이기도 하다. 박도삼 장로의 아들인 박요한 목사는 훗날 합동교단의 총회장이 되기도 한다.

도초중앙교회

박요한 목사는 비금기독교 100년 역사에서 "비금 기독교의 모 교회인 비금 덕산교회는 원래 덕산리 망동부락

뒷산 산기슭에 자리 잡고 있습니다. 내 나이 여섯살 무렵 선친 박도삼 장로를 따라 비금 덕산교회를 가 본 기억이 납니다. 당시 예배당은 기역자 모양으로 남자와 여자의 좌석이 구분되어 있었습니다. 나는 선친을 따라 남자 석에 앉아 예배를 드린 일이 있습니다" 라고 말하기도 했다.

교회를 통한 근대화

비금 덕산교회에서 강단을 맡았던 김경운 서리집사의 둘째 딸은 정명학교를 졸업하고 일본으로 건너가 요코하마에 있는 기독교학교인 훼리스여학교를 졸업했다. 그후에 원산 마르다 윌신신학교, 평북에 있는 선천 보성여학교, 광주 수피아여학교 등지에서 교사로 활동하다가 1943년 병고로 인해 생을 마감했다.

이처럼 신문명과 개화의 물결이 섬지방인 비금을 비롯하여 신안 일대에 이르기까지 퍼져 섬 주민들이 근대교육을 맛보게 되고, 교회당이 설립되는 놀라운 역사가 일어났다. 이것이 복음의 힘이었다. 비금 덕산교회를 필두로 인근 섬 지역에 복음이 전파되는 놀라운 순간들이 계속 찾아왔다. 하나님은 선교사들을 통하여 목포뿐만 아니라 신안의 눈물까지 씻어주셨다.

교회와 항일운동

선교사들이 전해준 복음은 민족의 근대문명을 일깨웠고 항일정신이 투철하게 되면서 일제에 대해서도 조직적인 투쟁을 할 수 있게 되었다.

1919년 3.1운동의 여세로 1920년 고금도에서는 정학균(당시 17세), 이현열 (20세), 홍철수(19세), 이수열(21세), 배명순(19세), 김천녕(20세) 등이 고금 학교 학생들에게 격문과 태극기를 만들어 배포하고 항일운동을 지도하 였는데, 불온한 사상을 포기하고 독립운동을 실행하였다고 일제는 이들 을 검거하고 재판에 부쳤다.

광주지방법원 장흥지청은 1920년 5월 3일 공판에서 안녕과 질서를 방해 하는 행위라고 규정, 정학균은 징역 4개월, 이현열은 징역 3개월에 처하 는 고초를 겪기도 하였다.

그러나 맥컬리 선교사로 시작된 헌신적인 선교사역은 비금도와 신안을 축복의 땅으로 만들었다. 증도가 배출한 문준경이라는 전도사가 수많은 교회를 세우고 사랑으로 섬기다 순교하며 한국교계에 많은 영향을 주었 고, 하의도에서는 김대중이라는 인물이 태어나 대한민국의 대통령으로 재직 중에 노벨평화상을 수상하기도 했다.

5. 문준경 전도사

"나의 사랑하는 주님! 저도 못 다한 기도를 당신에게 드리고 싶습니 다. 그처럼 사랑스런 언어로 마지막을 장식한 순교자 스데반의 기도 를 지금 당신께 바치고 싶습니다.
한 많은 나의 삶을 당신의 사랑으로 감싸 주신 큰 은혜 말로 다할 수 없는데 이렇게 육신의 고통을 넘어 영원한 생명 안으로 저를 인도해 주시니 더할 나위 없습니다. 부족한 내 영혼 당신의 손에 의탁하오니 비천한 저를 받아 주시옵소서."

문준경 전도사 순교기념관

전라남도 신안군 증도에 가면 문준경의 기념관이 있다. 그녀는 성결교 출신이지만 신안의 순교의 어머니이기도 하다.

문준경은 1891년 2월 2일 전라남도 신안군 암태면 수곡리에서 문재경 씨의 셋째 딸로 태어났다. 그녀가 태어난 암태도는 농민항쟁이 발생했던 지역이기도

문준경 전도사

했다. 현재 생가는 복원도 되지 않은 채 비닐하우스만 있다.

문준경 전도사는 유복한 가정에 태어났지만 단지 여자라는 이유로 총기가 있음에도 불구하고 아버지가 그녀를 교육하지 않고 결혼을 일찍 시켰는데 잘못된 결혼으로 인해 그녀의 인생은 예수와 결혼을 하게 된다. 남편이 있었지만 아이를 낳지 못하여 결혼 초부터 천대를 받았고, 다행히 시아버지가 한글을 가르쳐 주어 이로 인해 훗날 신학교에서 공부할 수 있게 되었다. 그는 지인으로부터 복음을 듣게 되었고 목포 북교동성결교회에서 신앙생활을 시작했다.

북교동성결교회는 이성봉 목사가 개척한 교회로 문 전도사는 이성봉 목사의 문하생이 되었다. 그녀는 예수와 결혼한지 1년 만에 전도왕이 되었고, 이성봉 목사의 추천으로 신학교에 입학하게 되었다.

당시 여자는 신학교에 다니는 것이 불가능했지만 이성봉 목사의 간곡한 권유로 인해 1931년 상경하여 경성신학교(서울신대의 옛이름)에 입학했다. 그때부터 6년 동안 졸업할 때까지 신안 도서지방을 두루 다니며 교회를 개척하고 복음을 전했다.

생가 부지

그녀는 1933년 임자진리교회를 시작으로 증동리교회, 대초리교회, 우전리교회, 병풍교회, 장고리교회, 소악교회, 방축리교회, 기점교회, 염산교회, 화도교회, 증도제일교회 등을 개척해 나갔다. 다도해 773개 섬 중에 122개 섬을 배로 순회하며 복음을 전했다. 제2의 맥컬리 선교사였다.

그녀의 전도방식은 섬마을 사람들의 생활을 파고들고, 친인척을 최대한 활용하는 것이었다. 때에 따라서 조산부로서 아기를 받아주고, 전염병으로 죽은 사람에게 염을 해주고, 중풍병자를 기도로 고쳐주고, 먹을 것을 가져다 주는 등, 섬마을의 성녀로서 역할을 하였다.

문준경 문하생이었던 한신대 정태기 목사는 "증도가 복음화율이 높은 이유는 전적으로 문준경 전도사님 때문입니다. 문준경 전도사님이 복음을 전하시기 전에 섬사람들은 미신을 믿었던 사람들입니다. 그런데 그 사람들이 문준경 전도사님 때문에 예수님을 받아들이고 미신을 버리게 됩니다"라고 말했다.

대학생선교회의 대부인 김준곤 목사는 "소화제니 먹으라고 주시고 때로는 아픈 부위를 만지시며 할머니가 손자의 배를 쓰다듬듯 하셨는데, 기도하는 그 모습이 제 마음에 확 박

김준곤 목사 인터뷰

혀 있습니다. "이 자매는 돈도 없고, 약도 없고, 여기 병원도 없습니다. 그러니 하나님께서 직접 고쳐 주십시오" 하셨습니다. 그런데 그게 신기하게 낫습니다. 신자, 불신자를 가리지 않고 치유하십니다"라고 했다.

이만신 목사는 "어려서부터 이모할머니 문준경 전도사의 사랑을 많이 받았습니다. 늘 가까이에서 뵈면서 그분의 신앙지도를 받으며 성장했습니다. 제가 목회자가 된 것도, 그분의 영성이 자리했던 것을 느낍니다"라고 했다.

유독 신안에서는 많은 걸출한 인물들이 나왔다. 고재식 교수, 정태기, 김준곤, 김수진, 이만신, 고훈, 고만호, 채영남 목사 등이다. 채영남 목사의 어머니가 비금도에 살면서 문준경 전도사의 설교를 많이 들었다고 했다. 정태기 목사는 문준경 전도사가 숨지기 5시간 전에 자신의 집에 왔었다고 하면서 큰아버지와 얘기하는 것을 들었다고 했다.

문준경은 섬사람들에게 복음을 전하는 것 이외에도 일제의 신사참배에

반대한 사람이었다. 1943년 성결교단이 신사참배로 강제로 해산될 때에도 그녀는 굴욕적인 신사참배를 거부했다. 그런 그녀에게 위기가 찾아왔다. 다름 아닌 막스레닌사상에 물든 좌익과 공산주의자들이었다.

6.25 남침으로 좌익들이 신안 증도까지 퍼져있었다. 구체적인 이데올로기도 모르는 무식한 섬사람들에게 공산주의자들이 인민공화국의 이름으로 완장을 채워주니 그들과 한통속이 되어 대나무 죽창을 들고 예수

기독교인을 핍박하는 좌익들

믿는 사람들이나 우익 인사, 지주들을 죽이고 다녔다.

일본강점기 친일파가 일본 경찰 이상으로 못된 짓을 하였고, 공산 정권에서는 보도연맹 완장을 찬 자들이 공산당 이상 못된 짓을 하였다. 수많은 사람이 이들에 의해서 죽어갔다. 공산당과 이들의 앞잡이들이 서울수복으로 후퇴하면서 염산교회, 야월교회 신도들 목에 돌을 매달아 물속에 수장시켰다.

살길을 마다하고 순교를 자처한 문준경

6.25전쟁으로 쳐들어온 공산주의자들이 문준경을 체포하여 즉결 처분하지 않고 목포 정치보위부로 이송 수감했다. 그러나 이미 목포에는 국군의 상륙으로 인민군이 철수하고 있었다. 그곳에서 풀려난 그녀는 얼마든

신도들을 수장시킨 돌

지 피할 수 있는 상황이었지만, 마지막 발악하는 인민군들이 교인들을 해칠 것을 생각하여 "나는 우리 성도들을 지키러 가야 한다"며 다시 증도로 귀도하였다.

당시 이성봉 목사가 목숨이 위태로우니 돌아가지 말 것을 만류하였으나 문준경은 자신의 수양딸인 백정희와 증동리교회 신자들을 보호해야 한다는 사명감에 풍선(돛단배)을 타고 목양지로 돌아갔다. 그곳에는 미처 철수하지 못한 인민군들과 이들의 앞잡이인 좌익분자들이 신도들을 죽이려고 혈안이 되어 있었다. 그녀는 1950년 10월 5일 새벽 2시경 체포되어 인민군들에게 끝내 죽임을 당하였다.

새끼줄에 묶여 끌려가 발로 차이고 창에 찔리고 총대로 후려침을 당하고 "새끼를 많이 깐 씨암탉"이라는 죄명으로 죽음을 맞는 순간에도 양딸 백정희와 성도들은 살려 달라 부탁하였다. 그는 다음과 같이 기도하고 눈을 감았다.

"아버지여 저들에게 죄를 묻지 마시고, 죄 많은 내 영혼을 받으소서."

문준경 전도사는 마지막 기도를 남기고 59세를 일기로 순교하였다. 당시 이 장면을 지켜본 고 박복엽 권사는 다음과 같이 증언을 했다.

"머리에 창을 찍어 쭉 찢어졌습니다. 이마가 찢어졌어도 목이 멀쩡하니 얼마나 소리를 지르셨겠습니까? 소리를 지르시니 목 부분에 총을 쏴서 이마와 목에서 피가 막 쏟아져서 버선까지 흠뻑 젖어 옷을 벗길 수가 없었죠. 그리고 모래사장에 방치된 시신을 8일 만에 수습하라고 허락해서 갔는데 무더위와 가뭄 때문에 햇볕에 익어서 시신의 얼굴 껍질이 다 벗겨졌고 피와 옷과 살이 말라붙어 옷도 못 벗겼습니다."

야월교회를 은퇴한 최종환 장로는 당시 신도들을 죽이는 데 앞장선 유격대(좌익의 후손)들이 여전히 야월교회 근처에 살고 있다고 증언했다.

야월교회 최종환 은퇴장로

이념 앞에 생명은 중요하지 않았다. 이념 뒤에 사단이 역사하고 있었기 때문이다. 죽이고 학살하는 것이 좌익들의 사명이었다.

기독교의 복음은 사람을 살리는 데 안간힘을 썼지만 막스레닌주의가 기초된 공산주의 사상은 편을 가르고 사람을 죽이는 데 앞장을 서고 있다. 스탈린은 약 2,000만명을 죽였다.

미국의 선교사들이나 문준경을 통하여 볼 때 예수의 사상은 사람을 살리는 데 안간힘을 쓰지만, 일제의 제국주의 사상이나 막스레닌주의를 기초로 한 공산주의 사상은 사람을 죽이는 데 앞장을 서는 것이 드러났다.

제4장

좌우 이념의 충돌, 순천

제4장

좌우 이념의 충돌, 순천

1. 순천의 지명과 의미

    순천지역의 지명과 연혁은 삼국사기에서 시작되고 삽평, 승평, 승주로 일컬어지다가 1310년 순천이라는 명칭으로 처음 불렸다. 순천은 전남 동부지역에서 우측으로는 경상도를 잇고, 좌측으로는 전남 내륙을 잇고, 남쪽으로는 여수를 잇는 전남 동부지역의 구심점 역할을 한다. 그래서 선교

사들도 전주, 군산, 목포, 광주선교부를 세우면서 1913년 순천신교부를
세웠다.

순천선교부 1913년 설립

순천은 호남선교의 마지막 선교부가 세워진 곳으로서 가장 성공적인
선교부 중의 하나였다. 순천이라는 명칭도 '하늘의 소리를 듣는 곳'이라
는 의미가 있다.

순천은 천리에 순응하는 뜻

맹자는 順天者存逆天者亡(순천자존역천자망)이라고 했다. 즉 천리에
순종하는 자는 번영과 생존을 누리고, 천리를 거스르는 자는 망한다는 뜻
이다. 순천은 천리에 순응한다는 뜻이다. 순천은 선교사들을 통하여 천리
에 순응하였다.

순천은 선교사들을 통하여 기독교가 전파되고, 근대교육기관과 병원이
설립되고, 철도가 부설되면서 광양, 구례, 여수, 고흥, 보성까지 아우르는

전남 동부지역의 교통과 교육 등 문화의 중심지로 발전했다.

　순천은 세계적인 연안 자연습지 공원으로 철새들의 낙원으로 알려졌고, 근대문명의 자취가 있는 곳이기도 하다.

순천늪지

2. 순천을 방문한 외국인

　순천을 처음 방문했던 외국인은 네덜란드인 하멜(Hendrik Hamel, 1630~1692)이었다. 하멜은 한국에 14년간 머물면서 그 경험을 통하여 본국에 가서 하멜표류기를 쓴 바 있다.

하멜 동상과 일기

1653년(효종 4) 네덜란드의 무역선 스페로 호크(Sparrow Hawk)호가 심한 풍랑으로 난파되어 선원 64명 중 36명이 중상을 입은 채 제주도 산방산(山房山) 앞바다에 상륙했다.

제주에서 난파당한 배

그들은 체포되어 13년 28일 동안 억류되었다가 8명이 탈출해 귀국했는데, 귀국선의 서기인 하멜이 한국에서 억류 생활을 하는 동안 보고 듣고 느낀 사실을 기록한 책이 하멜표류기이다.

64명의 선원 가운데 28명은 익사하고, 육지에 오른 생존자 36명은 서울로 호송되었다. 서울에서 2년 동안 억류 생활을 하다가 1656년 3월 전라도로 옮겨졌다. 그동안 14명이 죽고, 다시 1663년 생존자 22명은 여수·남원·순천으로 분산, 수용되었다. 그 이후 순천을 처음 방문한 선교사는

우리나라 최초의 귀화인, 출처, YTN 사이언스

1894년 4월 레이놀즈와 드루 선교사였다. 1897년에는 테이트 선교사와 오웬 선교사, 프레스톤 선교사가 순천을 방문하였다.

3. 순천의 사회적 상황 : 여순사건과 빨치산

선교사들이 1913년 순천에 선교부를 설립하고, 순천지역에 수많은 교회를 설립했다. 그러나 한반도는 1945년 해방이 되자마자 박헌영을 비롯 김삼룡, 이현상, 여운형 같은 좌익들이 가담한 남로당을 통하여 전국은 좌익의 영에 의해 휩쓸리게 되었고, 계속 노동자파업과 폭동이 일어나는 등 볼셰비키즘이 한반도를 쓸고 나갔다. 6.25의 암운이 드리워지고 있었다. 순천과 여수도 예외는 아니었다.

먼저 대구가 좌익으로 물들어 1946년 10월 대구폭동이 발생하고, 1948년 제주 4.3운동, 그해 10.19 여순사건이 발생하게 된다. 좌익과 우익의 싸움이었다. 선교사들을 통하여 예수의 영이 역사하던 순천과 여수에 이념논쟁을 통한 악령이 역사하였다. 수많은 살상자가 발생했다. 좌익들이 지리산으로 숨어들어 제2의 전쟁이 시작되었다. 빨치산과 군경의 투쟁이 시작된 것이다.

여순사건 10.19와 빨치산

순천시 기독교역사박물관

지리산에 빨치산들이 들어가게 된 근원적인 이유는 여순사건 때문이었다. 대한민국 정부가 수립된 지 2개월 만에 1948년 10월 19일에 여순사건이 발생했다. 여순사건은 제주 4.3사건의 여파로 인해서 남로당 일부가 군에 들어가 반란을 주도하면서 발생했다. 1948년 10월 19일에 여수에 주둔 중이었던 14연대 군인들이 제주도로 출동하여 '자국민을 진압하라' 는 이승만 정부의 명령을 거부하고 김지회와 지창수를 중심으로 반란을 일으켰다.

　일부 군인들이 여순반란을 일으킨 명분은 동족상잔이 싫다고 말했지만 사실 저들은 남로당 소속 조직원들이었다. 사건이 발생한 지 9일 만인 10월 27일 군경에 의하여 반란군은 진압되었지만 반란군과 진압군 양측에서 저지른 민간인 학살로 많은 논란을 빚었다.

　반란사건 처음에는 좌익 이념의 영이 깃든 사람들이 우익인사를 죽이고 여순을 무력으로 점령하였다. 이러한 사실만 보아도 6.25남침은 예비되어 있었다. 대구폭동사건을 기화로 여순 10.19 사건은 좌익들이 중심이 되어 일으킨 사건이다. 그러나 대구폭동사건이나 여순 10.19 사건에서 많은 민간인들이 좌익으로 몰려 희생당했다.

1960년, 달성군 가창면 민간인 학살 사건으로 숨진 대구지구 희생자의 공동분묘 앞에서 상복 차림의 유가족들이 묘 표지를 세운 뒤 오열하고 있다(출처:유나인뉴스).

　여순 10.19 사건 시 좌익들에 의하여 여수에서만 관민 1,200명이 학살당하고 1,150여

명이 중경상을 입었다고
발표하였다. 약 2,400여
명이 희생을 당했다. 그
러나 군경에 의한 민간인
의 살상도 무시하지 못한
다.

군경에 의해 학살된 민간인들

　대한민국통계연감을
보면 한국전쟁 기간 인민
군과 좌익에 의해 학살당한 민간인은 12만 2천여 명에 이르는 것으로 추
산된다. 군경도 많은 민간인을 학살했다. 북한이 남침하여 양측의 죽은
숫자는 200만 명이 넘는다. 이념의 영은 사람을 죽이는 데 관심을 가졌다.
좌익이든 우익이든 이념전쟁으로 인해서 많은 민간인들이 죄 없이 죽어
갔다.

남한의 좌익들

　남한의 좌익들은 북한 정권의 지령에 따라 행정단위별로 행정기관인
인민위원회와 경찰에 해당하는 치안대를 만들고 청년동맹, 여성동맹, 직
장동맹, 농촌위원회 등과 같은 단체들을 조직했다. 이들이 6.25전쟁 기간
에 북한 공산군의 점령지역에서 붉은 완장을 차고 다니면서 자행한 악행
은 무고한 애국인사들의 학살이었다.

　북한 공산군이 어느 지역을 점령하면 그 지역의 좌익들은 치안대를 조
직하고 치안대가 주동이 되어 그 지역 주민들 가운데 살해해야 할 살생부

좌익들로 구성된 북한 의용대

스스로 지원한 좌익 의용대

를 작성하기도 했다.

　완장을 찬 좌익들에게는 경찰, 우익운동가, 종교인 등 대한민국에 대한 충성도가 강한 인사들이 주된 살해대상이었다. 죽창을 들고 초법적 살인도 마다치 않았다. 좌익들은 살생부가 작성되면 사람들을 철저히 수색하여 학살했고, 그 살해대상이 도피했으면 그 가족들을 잡아 고문했다.

군중들을 모아서 군중에게 살해대상을 몽둥이로 때리고 돌로 쳐서 죽이게 했다.

좌익들은 북한 공산군이 후퇴할 때 그들과 함께 북으로 가거나 빨치산이 되기 위해 산악지대로 들어가면서 우익인사들에 대한 학살을 더욱 큰 규모로 자행했다. 14연대 중 1개 대대가 제주 4.3사건으로 차출되면서 남로당 출신의 좌익들은 단지 동족을 향하여 총을 겨누지 않겠다는 명분으로 반란을 일으켰다. 그러나 그들은 동족을 향해서 총부리를 겨누었다. 순천과 여수 일대를 장악하면서 동족 수천 명을 사살했다.

손양원 목사의 가족 살해에서도 나타나듯이 단지 기독교도라는 이유로 학살당하였다. 좌익청년들은 인민재판을 통해 자신과 의견이 다른 자들을 학살했다. 물론 깡패, 양아치, 부랑아들이 가세해 평상시 감정 있던 사람들이나 부자들을 죽이기도 해서 민간인의 피해가 커진 측면도 있었다. 이들은 죽창을 들고 보도연맹에 가입하여 많은 우익인사나 성도, 경찰, 학자 등을 살해하는 데 앞장섰다.

4일 천하와 빨치산의 활동

1948년 10월 19일 밤에 시작된 여순사건은 4일 천하에 불과했다. 10월 23일 순천이 토벌군에 의해 탈환되고, 27일 여수가 탈환되면서 여순사건은 일단락되었다. 그러나 일부는 지리산으로 피하였다.

지리산으로 숨어든 사람들을 빨치산(파르티잔, 도당)이라고 말한다. 빨치산은 1945년 해방 이후부터 1948년 여순사건과 1950년 6.25 전쟁을 거쳐 1955년까지 활동했던 좌익사상을 가진 비정규군을 말한다.

1948년 11월 국군 장병이 반란을 일으켰던 동료 군인들을 체포하고 있다. 48년 10월 여수와 순천에서 반란을 일으켰던 14연대 부대원들은 대부분 진압됐지만 일부는 지리산 등으로 도주해 들어가 빨치산이 됐다. 사진은 유명 종군작가 이경모 씨가 촬영한 것으로 '격동기의 현장'(눈빛)에 실렸다.

빨치산 아지트

빨치산이 빨갱이로 통용될 수가 있으나, 빨치산은 러시아어 파르티잔 (partisan), 곧 노동자나 농민들로 조직된 비정규군을 일컫는 말로 유격대와 가까운 의미이다. 이념 분쟁 과정을 통하여 좌익 계통을 통틀어 비하하고 적대감을 조성하는 용어로 표현된 것이 빨갱이다. 흔히 빨치산은 조선 인민유격대라고 부르며, 남부군이나 공비, 공산 게릴라라는 표현도 사용되었다. 빨치산들은 지리산에서 움막을 만들고 거주하였다.

김지회, 홍순석의 지휘로 지
리산 등으로 입산한 반군들이
지리산을 중심으로 순창 회문
산, 합천 황매산, 무주 덕유산
등에서 빨치산 활동을 하면서
유격 투쟁이 본격화되었다.

일반적으로 빨치산을 구빨치
산과 신빨치산으로 나누는데,

빨치산의 민가아지트

6.25 전쟁 이전에 입산한 빨치산을 구빨치산이라고 하며, 6.25 전쟁 이후
에 입산한 빨치산을 신빨치산이라고 한다.

무장 게릴라를 뜻하는 빨치산(partisan)은 일제강점기 민족해방운동의
일환으로 전개되었으며, 해방 후에는 1946년 10월 항쟁 뒤 야산대 형태로
활동하였다.

빨치산에 대한 진압

지리산 빨치산은 전남 구례, 전북 남원, 경남 하동, 산청, 함양 등에 걸
쳐 있었으며, 인근 산악과 중소도시에 영향을 미쳤다. 정부는 여순사건이
발생한 1948년 10월부터 동계토벌 시기(1949년 1월 9일~1950년 2월)까지
빨치산에 대해 강경 진압을 하였다.

당시 이승만 정권과 미군은 광주주둔 제5여단 사령부에 반란군토벌전
투사령부를 설치했다. 국방부 장관 이범석은 '반란군에 고함'이라는 포

1950년 9월 미군의 인천상륙작전과 아군의 낙동강 전선 반격으로 후퇴를 거듭했던 북한군의 일부가 붙잡혀 포로가 된 모습이다. 공세에 밀렸던 북한군의 일부 병력은 지리산 등 남한의 깊은 산 속에 숨어 들어가 빨치산에 합류됐다. 이들은 대한민국의 후방치안을 크게 위협했다.(미 국립문서기록보관함)

고문을 발표하면서 "천인공노할 죄과를 이미 범하였고, 아직도 범하는 중이다", "국가의 단죄는 반드시 준열 엄격할 것이며 추후의 관용도 없을 것이다"라고 하면서 급히 투항하라고 했다.

정부수립 후 1948년 8월 24일에 체결된 (과도기에 있어서 군사와 안전에 관한 잠정협조)협정에 따라 처음에 주한 미군은 작전 지휘권을 소유하였고, 여순사건에서도 주도적인 역할을 하였다. 1951년 겨울부터 이듬해 봄까지는 백선엽 사령관의 지휘 아래 백야 전사

빨치산들

의 토벌 작전으로 빨치
산은 급격히 약화되었
다. 100일간의 백야 전
사 작전이 종료되었을
때 사살, 생포된 숫자
만 해도 9,000여 명에
이르렀다고 주장했다.

전북의 빨치산은
6,500명, 전남 빨치산
은 2,000~2,500명 정도

6.25 전쟁 때 당시 백선엽 1사단장이 참모들과 작전을
협의하고 있다.

였다. 백야 전사작전이 끝났을 때 빨치산은 재기불능의 상태에 빠졌다.
53년까지 생존했던 빨치산은 1,000명 내외였고, 1952년까지만 해도 북한
지령을 받았지만, 동계토벌 이후의 사정은 완전히 달랐다.

전쟁발발 당일인 1950년 6월 25일 내무부 치안국은 치안국장 명의로 전
국 경찰국에 '전국 요시찰인 단속 및 전국 형무소 경비의 건'이라는 비상
통첩을 무선전보로 하달했다. 국민보도연맹원과 좌익인사에 대한 예비
검속이 이루어졌고 대규모 집단학살이 자행되었다. 조선 인민군이 남하
하자 남한의 경찰은 형무소에 있는 4,000~7,000여 명의 수감자를 끌어내
학살하기도 했다.

보도연맹원에 대한 집단 학살

전라도 지역에서도 보도연맹원에 대한 집단학살이 곳곳에서 자행되었

다. 한국 군경은 광주에서도 보도연맹원들을 사살했고 나주, 광산, 남양에서도 수백 명의 보도연맹원들을 학살했다. 곡성 지역의 보도연맹원은 150~200여 명이었는데 야산에서 처형했다. 구례지역의 보도연맹원 30여 명도 처형되었고 1950년 6월 27일에도 군경에 의한 보도연맹 학살이 있었다.

대량학살당한 보도연맹 사람들

보도연맹원들을 살상하는 경찰

순천에서도 700~800여 명의 보도연맹원들을 사살했다. 여수, 함평, 해남, 완도, 영광, 무안, 영암, 장흥, 지도지역에서 보도연맹원들이 경찰에 예비 검속되어 지서와 인근 창고에 구금되기도 했고, 대량학살을 당하기도 했다.

지역마다 수백 명씩의 보도연맹원들이 있었다. 보도연맹 학살은 한국현대사 최대의 민

총살당하는 보도연맹원들

간인 학살사건이었다. 물론 이들에 의해서도 많은 우익 인사들과 교인들이 피해를 보았다.

북한 인민군과 좌익의 양민학살, 약 13만 명

6.25전쟁 당시 북한 인민군과 좌익 측의 양민학살은 인민재판 또는 처형의 형태를 취했다. 특히 인민군의 전폭적인 지지를 받는 지방 좌익들이 보도연맹이라는 완장을 차고 활개를 치면서 우익 인사 및 그 가족들을 인민재판을 거쳐 죽창이나 칼, 낫과 같은 원시적 무기로 난도질하여 처형하거나 고문 및 학살을 자행했다.

1952년에 작성된 〈대한민국통계연감〉은 244,663명이 사망을 하였고 그중 피살자 수를 122,799명으로 밝히고 있다. 납북자 수는 82,959명이다. 실종자수는 298,175명이다. 약 25만 명이 사망을 했고, 그중에 약 13만 명이 인민군과 좌익에 의하여 학살당했고, 실종자 수는 약 30만 명이다.

1952년에 작성된 〈대한민국통계연감〉, 6.25동란 피살자 숫자

공보처 통계국에 의하면 27만 명이 사망을 하였고, 13만 명이 학살을 당했고, 납치는 8천 4백 명이다. 전남에서 학살당한 사람이 69,787명이다. 약 7만 명이다.

국방부전사편찬연구소에 의하면 한국전쟁 중 양측의 인명피해는 다음과 같다. 아군만 80만 명, 학도의용군이 7,000명, 적군은 160만 명이 죽었다. 북한군은 2배 이상 피해를 봤다. 민간인(남한)은 약 10만 명이 죽었다. 북한군은 50만 명(국군은 14만 명)이 죽고, 실종포로는 약 10만 명(국군은 2만 5천 명), 중공군은 15만 명이 죽고 2만 5천 명이 실종포로가 되었다.

자료 1. 남한지역 내 북괴군에 의한 양민 학살

(출처 공보처 통계국 '6.25 사변 민간 피해 조사표')

지역	사망	학살	납치
서울	29,688	8,800	20,738
경기	62,621	7,511	16,057
충북	24,320	3,409	6,312
충남	23,707	5,562	10,022
전북	40,462	14,216	7,210
전남	14,193	69,787	4,171
경북	35,485	6,609	7,534
경남	19,963	6,099	1,841
강원	17,122	6,825	10,528
총계	267,561	128,818	84,413

(교전이 직접 벌어지지 아니한 제주는 제외)

1950.10.12 학살된 시신들,원산

한국전쟁 중 인명(人命)피해 Korean War Casualties

아군(我軍) Friendly Forces
단위:명

구 분	전 사	실 종	포 로	부 상	계
국 군	137,899	24,495	8,343	450,742	621,479
유엔군	40,670	4,116	5,815	104,280	154,881
경 찰	8,281	1,934	403	6,760	17,378
계	186,850	30,545	14,561	561,782	793,738

학도의용군(學徒義勇軍) Student Volunteers
단위:명

구 분	국내학도	재일학도	옹진학도	기 타	계
전 사	1,983	145	372	4,500	약 7,000

적군(敵軍) Enemy
단위:명

구 분	전 사	실종/포로	부 상	계
북한군	508,797	98,599	?	607,396
중공군	148,600	25,600	798,400	972,600
계	657,397	124,199	798,400	1,579,996

민간인(남한) Civilians (South Korea)
단위:명

구 분	국내학도	재일학도	옹진학도	기 타	계
인 원	373,599	229,625	84,532	303,212	990,968

자료: 국방부전사편찬연구소(2012.4)

특히 납북자의 88.2% (84,659명)가 한국 전쟁 발발 이후 3개월(1950년 7월~9월) 동안에 납북되었다. 납북된 한국 인사 중에는 법조인이 190명, 교수 및 교원이 863명, 언론인이 226명이었다.

▲ 한국전쟁 기간동안 인민군과 좌익에 의해 학살 당한 민간인은 총 122,799명('대한민국통계연감', 1952년 발간)에 이른다. 위 사진은 퇴각하는 김일성의 지시로 학살당한 함흥 주민들의 모습으로 사진에 보이는 동굴에서만 300여 명의 시신이 발견됐다. (사진출처 : 美 국립문서기록보관청)

한국전쟁 당시 인민 의용군 모습(출처:전쟁기념관)

빨치산들

　그러나 인천상륙작전으로 허리가 잘려 오도가도 못하는 조선인민유격
대는 대부분 학살된다. 이러한 와중에 국군에 의한 많은 민간인들의 학살
도 무시하지 못한다. 1950년 12월 6일부터 다음 해 1월 14일까지 육군 제
11사단 제20연대는 '공비' 색출이라는 명목으로 전남 함평의 월야, 해보,
나산에서 마을주민 524명을 집단학살했다. 이러한 학살이 자행되자 순수
한 농민들까지 불갑산으로 들어가 빨치산이 되는 기현상이 벌어지기도
하였다.

　1951년 3월 29일 유치내산 일대를 포위하고 수색한 국군은 입산하여 피
신하고 있었던 수백 명의 지역민을 사살했다. 4월 9일에는 백아산 빨치산
을 진압하러 국군들이 수백 명의 민간인을 살상했다. 선택의 여지가 없었
던 민간인들이 빨치산과 국군들에 의하여 학살을 많이 당한 것도 사실이
다. 국군 역시 누가 적인지 아군인지 분간하기 어려웠던 상황이었다.

　이처럼 이념 전쟁으로 등장한 악한 영은 이 기회를 놓칠세라 수많은 사
람들을 학살했다. 좌익을 통한 악한 영은 이념을 앞세우면서 사람의 생
명을 학살하였던 것이다. 그것은 共産주의가 아니라 共死주의였다. 그

러나 선교사들을 통한 예수의 영은 사람을 살리는 데 공헌하였다.

4. 순천선교부 설립과 코잇 선교사의 사역

1) 순천선교부 설립

1913년부터 1986년까지 남장로교회는 호남에 450여 명의 선교사를 파송했고 순천선교부에 파송된 선교사는 79명이다.

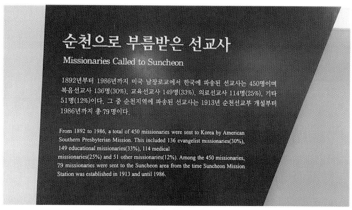

출처, 순천시 기독교역사박물관

순천선교부가 개설된 이유는 광주선교부에서 1909년 오웬 선교사의 갑작스런 죽음으로 1919년 4인 위원회(프레스톤, 니스벳, 윌슨, 해리슨)에서 선교부 개설을 결의하였기 때문이다. 1913년에 설립된 순천선교부는 전주, 군산, 목포, 광주의 시행착오를 반영하여 이전 선교부의 다양한 경험을 마스터 플랜에 반영하였다.

순천선교부

1913 Suncheon Mission Station

1909년 오웬 선교사의 죽음으로 프레스톤과 벨 선교사가 순천 선교부 개설을 건의했다. 1910년 4인위원회(프레스톤, 니스벳, 윌슨, 해리슨)에서 선교부 개설을 결의하고 부지를 매입하고 건축이 완료됨으로써 순천선교부가 개설됐다. 매산학교, 매산 여학교, 알렉산더병원이 설립됐다.

After Missionary Owen's death in 1909, missionaries Preston and Bell suggested establishing Suncheon Mission Station. In 1910 the four-person committee (Preston, Nisbett, Wilson and Harrison) resolved to found a mission station, purchased land, and completed the construction, thus establishing Suncheon Mission Station. Maesan School, Maesan Girls' School and Alexander Hospital were built.

출처, 순천시 기독교역사박물관

전주(1895), 군산(1896), 목포(1897), 광주(1904)선교부에 이어 순천선교부(1913)가 마지막으로 개설되었다. 광주선교부가 설립된 지 9년 만에 순천선교부가 설립되었다. 총 5개의 선교부가 호남지역에 설립되었고 선교사들은 선교부(station, 주둔지)를 통해 선교활동을 하였다. 선교부라 함은 교회, 병원, 학교, 선교사 자녀들 학교를 설립한 주둔지를 말한다.

출처, 순천시 기독교역사박물관▶

순천선교부는 마지막 선교부 개설인 만큼 설계에서 시공까지 서구식으로 하여 한국의 취락 구조나 도시 질서 체계와는 다르게 구축되었다. 그러한 이유로 전쟁으로 인해 많은 부분이 소실되었으나 일부 건축물들은 지금까지 보존이 되었다. 전근대식의 건축이 아니라 근대식 건축을 하였다.

입지조건도 이전의 경험을 반영하여 시가지를 조망할 수 있는 높은 곳에 설립하였다. 그러면서도 일방적 서구식이 아니라 한국 건축의 권위적 위상 또는 종교

순천의료원

적 상징성과 연계할 수 있는 대지 조건 등이 반영되었다.

특히 1913년 설립된 순천선교부는 활동지역이 순천시, 여수시, 광양시, 보성군, 곡성군, 구례군 그리고 경상남도의 하동군과 남해군까지 이르렀고, 선교부 면적은 조선 시대 전통 도시 공간인 순천읍성의 규모와 유사

했다. 그리고 한국인의 관심을 이끌었던 선교 건축은 선교 관계자들의 주거 건축에도 반영되었다.

선교의 수단으로 시작된 교육과 의료 분야는 1930년대 도시를 대표하는 공간으로 소개될 만큼

순천선교부 자녀를 위한 외국인학교

도시사회에 미친 영향력이 컸다. 순천선교부는 가장 마지막에 설립되었지만 가장 완성미가 있었다. 순천선교부는 외국인선교사 자녀를 위한 학교도 세웠다.

이러한 순천선교부의 설립은 1904년 전킨 선교사의 발의가 있었고, 1910년에는 니스벳, 프레스톤, 월슨 등의 선교사들이 선교사위원회를 조직하여 선교부의 타당성 여부를 조사하였기 때문이다. 처음에는 벌교와 순천이 거론되었으나 장래 순천이 교통의 중심지가 될 것을 고려해서 순천선교부를 설립하기로 하였다. 순천선교부는 1910년에 공사가 들어가 1913년에 주택이 완성되어 선교사들이 거주하기 시작했다. 순천선교부는 건물이 화재나 전쟁으로 소실된 곳도 많으나 여전히 존재하는 건물도 있다.

구분	시설	현존유무 (건립연대)	내용 및 변천과정	비고
주택	프레스톤 주택	(1913)	현 매산여고 부속	
	코잇 주택	(1913)	현 애양재활직업보도소	
	로저스 주택	(1915-20)	현 매산여고 부속	
	크레인 주택	소실 (1913)	철거후 전원 애양원원장 사택 건축시 사용	
	영거 주택	소실	1960년경 철거	
	독신여성 주택	소실	해방이후 철거	
병원	알렉산더 병원	소실 (1914)	고등학교 교실 및 강당으로 사용했다 화재로 소실	
	격리병동	1909이전	주택으로 사용	전염병동
학교	간호사 기숙사	소실	현 매산고등학교 내	
	세탁실	소실	현 매산고등학교 내	
	매산학교	1916	현 매산중학교 결산관	
	선교부어린이학교	(1915)	현 애양재활직업보도서 예배당 및 회의실	
	외국기원성경학교		순천기독신소 및 박물관 사용	
	매산여학교	소실	1947년경 화재로 소실	
	여학생 기숙사	소실	성경학교 여학생 기숙사로 사용되다 소실	
	여학생 공장	소실		
	남학생 공장	소실		
	남학생 기숙사	소실	매산고 후생관으로 이용되다 소실	
	남학교 음악실	소실		
교회	순천읍 교회	소실	현 순천중앙교회 전신	
	물탱크	1913-25	물탱크 3개소 및 취수구	
기타	창고	소실		
	경비실	소실		
	발전기실	소실		
	창고	소실		

순천선교부 건물열람표

당시 1912년 선교보고서에 의하면 12,000평의 땅을 2,000달러에도 못 미치게 구입을 하였고, 얼마 지나서 6,000달러로 상승하였다.

1912년부터 건축이 진행되있다. 순천신교부는 선교사들의 주택과 교육, 병원시설 등이 10여 년에 걸쳐서 20여 동이 건축되었고 전주, 군산, 목포, 광주와 달리 종합계획안을 갖고서 착수하게 되었다. 순천선교부가 개설되면서 프레스톤과 코잇 선교사의 상주에 이어 프레트, 리딩햄, 비거, 듀푸이, 그리어, 티몬스 선교사 부부가 합류한다.

이로써 순천선교부는 여수, 고흥, 보성, 구례, 곡성, 광양까지 선교구역으로 삼게 되었다. 순천 선교에 앞장선 선교사는 코잇과 프레스톤이었다.

2) 코잇(Robert T. Coit) 선교사 사역

로버트 코잇(Robert T. Coit, 1878~1932, 고라복)은 미국 남부 노스캐롤라이나 출신으로 데이비슨 대학을 나오고 1909년 3월 목포에 도착하여 광주에서 사역을 처음 시작했다. 1909년부터 1912년까지 광주에 살면서 오웬이 다하지 못했던 전남 남부지역을 순회하며 교회들을 돌보았다. 코잇은 1920년대 처음으로 볼셰비키즘이 남부

코잇 가옥

프레스톤 가옥

지방에까지 침투했다며 좌익사상을 염려한 바 있다. 그는 문서선교사역을 하기로 유명했다. 전국 전도사업이었던 '백만명구령운동'에 가담하여 쪽복음·전도지 배포 활동을 지원하기도 하여 많은 전도의 성과를 보았다. 그러나 코잇에게 가장 가슴 아픈 일은 1913년 자신이 설립한 순천스테이션에 이전하자마자 두 아이가 풍토병으로 목숨을 잃은 것이다.

그러나 코잇 부부는 낙심하지 않았고, 선교현장을 떠나지도 않았다. 코잇 부인은 오히려 주변의 선교사들을 위로했다. 코잇은 순천에서 1913년부터 1929년까지 17년간 사역을 하면서 구례와 광양군에 30여 개의 교회를 세우고 순회, 관리하였고 장막전도는 그의 주된 포교 방법이었다.

코잇은 8개의 초등학교와 3개의 유치원에서 모두 250명의 학생들이 공부할 수 있도록 측면 지원하기도 하며 교육선교에 열을 올렸다. 코잇이 만든 당시 스테이션은 다음과 같다.

교회 이름	설립년도	코잇의 목회	처음 방문 선교사
순천군 평촌교회	1906	오웬 후임자로 시무	오웬
화순군 대포리교회	1907	프레스턴 후임자로 시무	프레스턴
보성군 운림리교회	1907	설립된 이후 시무	-
순천군 용당교회	1907	재건된 후 시무	-
구례군 구례읍교회	1908	유진 벨 후임 시무	유진 벨
광양군 백남리교회	1909	설립된 이후 시무	코잇
광양군 섬거리교회	1909	설립된 이후 시무	코잇
순천군 구상리교회	1909	설립된 이후 시무	코잇
보성군 대치리교회	1910	설립 및 시무	코잇
구례군 대유리교회	1910	설립 및 시무	코잇
순천군 입곡리교회	1912	설립 및 시무	코잇

코잇 담임 교회

Panorama of Soonchun Station, Southern Presbyterian Miss。 Soonchun, Korea. Established 1913 by Mr. Geo. W. Watts, an elder in the First Presby. Church of Durham, N.C.

Population of field, 525,000. The Biederwolf Leper Colony, which is Kwangju Colony moved and greatly enlarged, is just 14 miles from here, with 800 lepers the largest in the world under Church control. Soonchun Station has within its bounds 100 groups of Christians, 2000 baptized Christians, with 1000 catechumens.

Buildings on Compound are left to right :—1. Bible School and Dormitory. 2. Alexander Hospital and Nurse's Home. 3. Boys school Dormitory. 4. Unger Home. 5. Rogers Home. 6. Foreign School. 7. Coit Home. 8. Preston Home. 9. Boy's School. 10. Gate House. 11. Single Ladies Home. 12. Crane Home. 13. Girl's School. 14. Native Houses. (Wilson Home and Main Boys School not yet built). 300 girls and boys in the two station schools, 100 being in the industrial departments, earning their way. Hospital Statistics :—1091 cases admitted to hospital, operations 889, Dispensary cases 10,820.

초기 순천선교부 전경과 그에 대한 설명

지금은 성지가 되었다. 병원, 학교, 교회가 현대식으로 세워졌다. 매산 고는 순천에서 최고의 학교로 자리잡았다.

순천중앙교회

순천의료원

5. 프레스톤 선교사의 사역

　존 페어맨 프레스톤(John Fairman Preston, Sr, 1875~1975, 변요한) 선교
사는 남장로교 출신으로서 북장로교 학교인 프린스톤 신학교를 졸업하
고 1903년에 한국에 선교사로 파송받아 일제에 의하여 강제로 추방되는
1940년까지 목포, 광주, 순천 등지에서 활약했다.

순천 선교사들

프레스톤 선교사는 유진벨과 오웬, 맥컬리 못지않게 열정적으로 활약한 선교사였다. 그의 아들은 광주 제중원에서 의료선교사로 활약하기도 하여 부자가 한국에 헌신했다. 사유가 아니라 사역을 세습한 것이다. 프레스톤은 순천의 유진벨이었다. 프레스톤이 내한할 무렵, 1901년에는 한반도에 대기근이 발생하여 경제적 파탄이 심각한 수준에 이르렀고, 1904년에 러일전쟁이 발생하여 정치사회적 불안과 경제적 불안이 가중되는 시기였다.

이 당시 순천에서는 '1903년 원산 대부흥운동' 처럼 성령의 역사가 나타난 것이 아니라 유진벨과 오웬과 동시대에 활동했던 프레스톤에 의하여 선교부를 통한 선교의 역사가 나타났다. 지금까지 선교부의 새로운 장을 쓸 정도로 남감리교출신 하디 선교사 이상의 역사가 나타났다.

성령체험으로 인한 영적인 역사라기보다는 선교부 건립을 통한 선교의 역사가 나타났다. 프레스톤은 순천 선교의 대부가 되었다. 순천선교부를 가장 발전된 형태로 구축하면서 선교활동을 벌여 성공적인 선교를 이루었다. 그 자취는 지금까지도 남아있다.

우리나라에서도 약 2만 명 이상 전 세계에 나가서 선교사로 활동하지만 120년 전의 프레스톤 처럼 선교부를 확립하고 선교를 하는 선교사들이 그리 많지 않다. 거의 생계형, 국내 의존형 선교사들이 대부분이다. 이런식의 선교사역은 사역지에서 어떤 영향력을 행사하기가 쉽지 않다. 무엇보다도 자국 선교사들의 통합적인 선교부 구축이 절실히 필요하다.

프레스톤 선교사의 처음 사역지는 눈물 많은 목포였다. 그는 목포를 중심으로 해남과 강진까지 교회를 개척하였다. 유진벨과 오웬이 1904년에 목포를 떠난 이후 프레스톤은 교육선교를 위하여 1905년에는 목포에서 영흥학교 교장으로 학교건물을 건축하기도 하였으며, 교회 선교로는 강진의 학명리교회, 매곡교회, 해남의 원진, 맹진, 남창교회 등을 설립하였다.

프레스톤의 장점은 후원금을 많이 끌어오는 것이었다. 미국에 다시 돌아가서도 중점적으로 한 일은 한국선교를 위해 후원금을 모으는 것이었다. 이러한 후원금 덕분에 코잇을 통해 순천선교부를 확립할 수 있었다. 전주선교부도 잘 확립되었지만, 순천선교부가 가장 잘 확립되었다.

1907년에 광주에서 의료선교를 맡고 있던 오웬이 별세하였다. 광주에서는 한국말을 구사할 수 있는 선교사가 유진벨 선교사뿐이어서 부득이 사역지를 다시 광주로 옮겨 오웬 선교사의 후임자로 사역해야만 했다.

프레스톤은 광주에서도 교육선교에 헌신하여 1908년 광주에서 숭일학교 초대교장으로 활동하였으며, 1910년에는 학교건물을 건축하였다. 1913년 4월에 순천에 선교사 주택이 완공되자 순천으로 이사하였다. 순천은 필요한 인적·물적 장비를 모두 갖춘 상태여서 선교지로 개설한 한국최초의 유일한 선교 거점 도시였다.

프레스톤은 크레인과 힘을 합하여 순천에 매산학교를 설립하여 명문학교로 발전시켰다.

순천매산중학교

프레스톤은 티몬스와 함께 순천 알렉산더병원을 설립하고, 농촌교역자와 지도자를 양성하기도 했다. 광주에 유진벨이 있었다면 순천에는 프레스톤이 있었다. 의료선교사였던 그는 안력산병원을 세우기도 하였다.

1916년 건축된 안력산병원의 초기 모습

1932년 증축된 안력산병원(매산고등학교 은성관)

안력산 의료문화센터

안력산병원은 사라졌지만 이러한 전통의 영향 하에 순천의료원이 설립되었다.

순천의료원

프레스톤의 교회 사역

의료선교사인 프레스톤은 병원이외에 가곡리교회와 평중리교회, 사룡리교회의 설립에도 기여하였다. 1918년에는 순천읍교회에서 시무하였으며 교회역사 수집위원으로 활동하기도 하였다. 1921년부터 1923년까지 프레스톤은 여수지역에서 여수교회, 장천교회, 봉양교회, 우학리교회, 여수서교회, 봉전리교회, 서정교회에서 동사목사로도 시무하는 등 그의 사역은 쉴 틈이 없었다. 특히 율촌에 있는 장천교회는 1905년 10월 조일환씨 댁에서 창립되었고 전남 동부권 4시 4군(여수, 여천, 순천, 광양, 고흥, 보성, 구례, 곡성)에서 가장 먼저 설립된 교회이다. 창립초기부터 인근지역의 교회설립을 적극 지원하여 지역의 모교회 역할을 수행하였다.

장천교회

1913년에 프레스톤(변요한)은 방 2개를 구입하여 도롱교회(현 영흥교회)를 세우기도 했다. 지금은 최은용(예장통합) 목사가 시무한다.

도롱교회

영흥교회

프레스톤은 신안의 맥컬리와 목포의 유진벨과 광주의 오웬처럼 전도에 열정적인 사람이었다.

그는 조선예수교장로회 순천노회장을 지내는 것을 비롯하여 여수와 순천 지역 여러 교회의 설립과 당회를 조직하는 등 폭넓은 활동을 하며 많은 업적을 남겼다. 이외에도 완도 관산리교회를 설립하였고, 나주 삼도리교회,

덕곡교회, 해남 고당리교회, 무안 성남 등에서 시무하고 삼별초 항쟁과 세월호 사건이 있었던 눈물 많은 진도에서 분토리교회를 설립하기도 하였다.

이렇게 프레스톤이 교육과 교회, 병원설립에 재정까지 후원받고 열정적으로 사역할 수 있었던 것은 남장로교의 선교부 정책 때문이었다. 미국 남장로교회의 선교부정책의 성공으로 인해 호남의 전도율은 약 30%에 달할 정도였다. 그는 열정적인 선교를 마치고 일제의 강제 탄압으로 인해 1940년 광복을 5년 앞두고 한국을 떠나가야 했다. 그는 미국에서 1975년에 '대한의 나라'가 아니라 '하나님 나라'로 영원히 떠났다. 그것은 선교여행이 아니라 안식여행이었다. 한국교회도 선교부를 통한 선교활동을 장려해야 한다. 선교사들이 120년 전에 만든 선교부는 현재까지도 남아 있다.

한국 선교사들이 해외로 나가서 선교부를 설립하는 선교사들은 거의 없다. 일단 한인 선교사들끼리도 단합이 어렵고 일치 운동을 벌이지 못하기 때문이다. 더구나 120년 전에 한국에 온 미국 선교사들보다 더 열악한 정책을 구사하여 선교의 진보가 거의 이루어지지 않고 있다.

그러나 해외 선교에서도 대학을 세우고, 병원을 세우는 한국 선교사들이 지역에 많은 공헌을 하는 것도 사실이다. 콩고대학, 볼리비아대학, 이디오피아병원(MCM)은 한인 교회와 선교사들의 커다란 업적인 것을 부인할 수가 없다. 그러나 너무 제한적이라는 데 아쉬움이 많다.

제5장
애양원과
사랑의 원자탄, 여수

제5장

애양원과 사랑의 원자탄, 여수

1. 나병 환자의 낙원, 애양원

여수는 순천과 함께 14연대 군인들의 여순반란사건이 있는 도시로서 서로 죽이는 이념의 영이 있는 곳이기도 하지만 나환자까지 그리스도의 정신으로 살리는 예수의 영이 있는 곳이기도 하다.

여수에서 사람을 살리는 곳으로 가장 의미 있는 곳은 애양원이다. 원래 나병 환자를 위한 병원은 1911년 4월 25일 광주에 윌슨(Robert M. Wilson, 1880~1963, 우월순)에 의하여 세워졌다. 윌슨 선교사는 워싱턴대 의대를 수석으로 졸업하고, 1908년 한국에 도착하여 광주기독병원을 중심으로 헌신적인 사역을 감

애양원 한센병 환자들

당하여 40년간 한국에서 의료사역을 했다. 나
환자들의 아버지였다. 윌슨 선교사는 은퇴 후
1963년 83세를 일기로 소천했다.

윌슨

얼마 전에 99세의 연세로 소천한 그의 아들
존 윌슨도 대를 이어 한국에서 의료선교사로
사역을 하였다. 윌슨 부자도 사유가 아닌 사역
을 세습하였다. 유진벨, 프레스톤, 윌슨은 자녀
들이 대를 이어 한국선교에 헌신하였다.

故 존 윌슨 선교사 / 소아과 의사
(한국은) 제 고향입니다.
제가 한국 생각밖에 안 한다고 아내가 안 좋아합니다.

윌슨의 아들, 출처, CGN TV

윌슨은 광주에서 나병원을 처음 설립하였다. 광주의 나병원은 1925년
현 여수시 율촌면 신풍리 1번지에 터를 마련하고, 1928년 나환자 600여 명
이 옮겨와 지금의 애양원을 이루게 되었다.

▲ 광주 나환자 수용소

◀ 한국 최초의 광주 나병원

1936년 광주 나병원은 여수 애양원으로 명칭을 바꾸면서 여수 애양원 시대를 열게 된다.

당시의 나병 환자들은 오갈 데가 없이 버려진 상태였다. 그들은 심지어 가족으로부터도 외면을 당할 정도로 희망과 소망이 없는 사람들이었다. 그러나 수천 명이 여수 애양원에서 치료를 받게 된다. 미

애양병원 전경

국 선교사들이 이들에 대한 심각성을 알고 병원을 세우게 된 뒤부터였다.

미국 선교사들은 복음을 전하고 학교를 세운 공로도 있었지만, 애양원이라는 나병 환자들을 위한 병원을 세운 것도 큰 공로였다. 나병 환자들을 한방이나 침으로 치료하기는 역부족이었다. 현대 의학 도구가 없었다면 이들을 치료할 수 없었다.

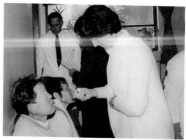

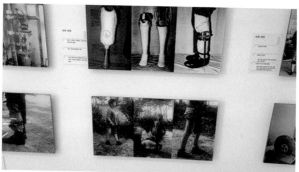

애양 역사박물관 전시실

민비의 조카 민영익이 일본 자객들에게 칼에 맞아 심한 부상을 당하자 한의사 12명이 지혈을 하려고 침 치료를 하는 등 별의별 방법을 동원했지만 흘러나오는 피를 지혈시킬 수 없었다. 1884년 갑신정변으로 크게 다친 민영익(1860~1914)은 미국 공사관 소속 의료선교사 호러스 알렌(Horace Newton Allen, 1858~1932, 안련)의 치료로 생명을 건졌다.

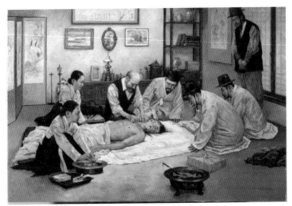

민비의 조카 민영익을 치료하는 알렌 선교사

　마침 1882년 한국에 당도했던 알렌이 지혈제를 사용하고 상처를 실로 꿰매 피를 멈추게 한 것이 조선에 복음을 전할 수 있는 절호의 기회가 되었다. 당시 허준이나 유의태 같은 조선 최고 한의사라 할지라도 조선의 의료기술로 나환자를 치료하기에는 한계가 있었다. 허준은 조선 최고의 어의로서 침으로 막힌 경혈을 뚫어 치료하는 것은 가능했지만, 사람의

동의보감마을, 허준동상

몸을 해부한다거나 하는 의학기술이
전혀 없었던 당시의 상황에서는 전염
병과 같은 질병의 치료는 더욱 불가능
했다. 콜레라와 같은 전염병에 대해서
한의는 속수무책이었다.

동의보감마을, 유의태 동상

　유의태는 서민출신이라는 신분에 구
애받지 않고 질박한 풍자로 양반사회
를 통박하는 기질을 보여 백성들에게
신의라고 불렸다. 당시 산음(산청)이라
는 곳은 산세 등으로 인해 백성들이 의
료혜택을 받기 힘들었지만 유의태는
지리산에서 구하기 쉬운 약초를 가지고 많은 병자를 고쳤다고 알려졌다.
그러나 약초를 갖고서 나병 환자를 고치거나 지혈을 하기에는 한계가 있
었다.

　서구의 의사들이 나병을 치료하고 또 예방하기 위해 한국에 병원을 세
운 것은 아프리카의 성자 슈바이처 이상의 사역이었다. 애양병원은 우연
히 포사이트(Wiley Hamilton Forsythe, 1873~1918)가 데려온 환자를 치료한
것이 계기가 되었다. 광주에 나환자를 위한 병원을 설립하고, 전국에서 600
여 명의 나병 환자들이 찾아오게 되자, 총독부는 1만 2천불이나 되는 후원
금을 주면서 여수로 이전 하라고 했다. 그렇게 광주에서 나병 환자를 위한
병원을 세운 것이 동기가 되어 여수에 애양원을 세우게 되었다.

　선교사들이 세운 병원, 학교, 교회를 통하여 조선은 새로운 세계를 향
해 도약할 수 있었다. 서구 선교사들이 전해준 기독교는 좌우 이념의 영

과 달리 사람을 살리는 데 주안점을 두었다. 조선이 버린 나환자들을 서구 선교사들이 치료해주었다. 나병 치료를 받자 나병 환자들끼리 결혼을 하기도 하였다.

그러므로 우리는 서구 선교사들의 정성을 잊어서는 안 될 것이다. 반대로 중국은 한반도에 도움을 준적이 없다. 오히려 전 세계에 우한폐렴(코로나-19)이라는 전염병을 퍼뜨렸다. 사회주의 국가에서 발생한 전염병이 전 세계를 휩쓸어 이미 200여 만명이 목숨을 잃었다.

애양원에서 한센인들이 합동결혼식을 올리고 있다. 선교사들은 한센인들이 경제적으로 자립하는 것과 한센인끼리 결혼해 가정을 이루는 것에 큰 보람을 느꼈다.

유럽과 미국은 매일 수만 명씩 코로나 양성환자가 늘어가고 있다. 현 정부의 실책은 중국인 입국을 미리 차단하지 못한 것이었다. 애초에 중국인 입국을 강력히 막았더라면 지금보다 확진자 수는 현저히 적었을 것이다.

호남 이외에 경상도나 부산에서도 서구 선교사들은 나병 환자를 위한 병원을 세웠다. 부산에서 한센인 보호병원으로 감만동에 1910년에 상애원을 개원하였다. 상애원에 입

상애원 입소를 위해 기다리는 한센병 환자들

소하기 위해 많은 나환자가 기다리고 있었다.

이처럼 기독교는 사람을 살리는 데 앞장을 섰다. 심지어 나환자들까지 살렸다. 대한민국을 사랑한 것은 서구의 선교사들이었지, 사회주의 중국이나 제국주의 일본사람들이 아니었다. 예수의 정신이 조선을 살리는 데 공헌을 하였다.

오히려 중국은 수많은 외침을 해 여인과 아이들, 청년들을 잡아가고, 한반도를 피투성이로 만들었다. 특히 청군들이 한반도에 들어와 동학군 수만 명을 학살하는 데 앞장섰고, 1.4 후퇴 때 역시 공산주의의 이념에 묻힌 중국이 인해전술로 들어와 5만명 이상 되는 수많은 국민이 학살되었고 많은 군인이 중공군의 포로가 되기도 하였다.

1950년 9월 15일 인천상륙작전 이후 걷잡을 수 없이 무너져내리던 북한군은 삽시간에 거의 모든 북한 지역을 내주게 되었다. 북한 임시정부는 압록강변에 있는 임시수도 강계에 틀어박혔고, 지도부는 자녀를 중국으로 망명시켜야 했다. 한국군은 평양을 함락하고 압록강에 도달했으며, 미군은 장진호에 집결하여 북한의 임시수도 강계를 향한 마지막 공세를 준비하고 있었다. 김일성과 박헌영은 단시간에 남한 지역을 공산권의 영향하에 둘 셈으로 전쟁을 일으켰다가 거꾸로 자신들이 완전히 망해버릴 지경에 이르렀다.

결국 김일성은 박헌영에게 전

쟁 실패의 책임을 물어 1955년 처형한다.

북한은 소련의 이오시프 스탈린에게 긴급 지원을 요청하였으나, 소련 군이 참전한다면 6.25 전쟁이 제3차 세계대전으로 확전될 것을 우려한 스탈린은 이를 거절하였고, 소련군 전투부대의 직접적인 참전은 제한되었다. 소련은 공군을 압록강, 두만강 국경지대에서 활동하게 하는 것 외에는 북한에 대해 별다른 조치를 취하지도 않았으며, 사실상 중국 혼자 북한을 지원했다. 스탈린은 당시만 해도 미국과 직접 맞붙는 것을 두려워한 나머지 북한을 포기할 궁리까지 했다.

그러나 중국은 자국의 영토가 침범될 것을 우려해 북한을 돕기로 결정했다. 소련은 모스크바가 한반도에서 멀기 때문에 별 부담을 느끼지 않았지만 중국은 수도 베이징이 한반도와 가까워 부담을 느꼈다. 그래서 미국을 경계하기 위하여 참전을 하였던 것이다.

1.4 후퇴 당시 남으로 피난하는 피난민들의 행렬

중국이 쳐들어오지 않았다면 통일로 갈 수 있었다. 북진 통일을 눈앞에 두고 유엔군은 뒤로 퇴각해야 했다.

중국은 주사파나 유물론과 는 친하고 서구의 유신론과 자유민주주의와는 별로 친하 지 않다. 최근의 선교사들도 대거 축출했다. 중국과 한국 은 영이 다르다. 그러므로 한 국은 중국의 유물론이 아니라 서구의 유신론으로 가야 살

중공군에 포로된 국군

수 있다. 유물론 신봉자들은 결국 남에게 유익을 주는 것보다 사람을 죽 이는 쪽으로 가기 때문이다. 그들은 보이지 않는 것을 인정하지 않는다.

중국은 역사적으로 한국을 살리는 데 장개석 정부 이외에는 도움을 준 적이 없었다. 오히려 이면적으로 좌파적 공산주의보다 자유경제와 자유 민주주의를 채택한 서구 선교사들이 한국을 살리는 데 앞장을 섰다. 코로 나 19(우한폐렴)전염병 발원지를 보더라도 중국은 전 세계에 복음을 던져 주지 못하고 질병을 던져주는 나라이다.

그러나 서구 선교사들은 한국을 살리기 위해서 왔다. 나병(한센병) 환 자는 조선 정부도 거들떠보지 않았다. 원래 나병은 인간이 당하는 가장 고통스러운 병으로 가족으로부터 격리되고 의료혜택도 누릴 수 없어 이 들이 당하는 정신적, 육체적 아픔은 이루 말할 수 없다.

이런 아픔을 안고 절망 속에 살아가는 이들에게 복음을 전하고 일용할 양식과 의료혜택을 베푸는 일은 기독교 신앙에서만 가능한 사역이다. 미

국의 선교사들은 최고의 엘리트로서 한국의 수만 명의 나병 환자들까지 치료해주었다. 이러한 면에서 우리는 미국 선교사들에게 많은 빚을 지고 있다.

호주 선교사들도 나환자 병원을 설립하였다. 부산에 있는 상애원은 1912년 5월 제임스 노블 맥켄지(James Noble Mackenzie, 1865~1956, 매견시)가 원장으로 취임하면서 활성화 되었다. 애초 미국 북 장로교 어빈(Dr. Charles Irvin, 1862~1933)선교사에 의하여 감만동에 자리를 잡았다, 그 후 1909년 부산지역이 호주장로회 선교-구역으로 정해져 호주장로회 선교부로 이관되었다.

대구에는 미국 북장로교 선교회에서 450명의 나환자를 돌볼 수 있는 나환자병원을 설립하였다. 동산병원은 미국 북장로교 선교사 존슨 (Dr.Woodbridge O. Johnson, 1869~1951)에 의해 시작되었다. 존슨은 1897년 12월에 내한하여 그 해 성탄절에 처음 대구에 왔다. 존슨이 한국에 온 것은 1897년이지만 진료소를 개설한 것은 약 2년이나 지난 1899년 성탄절 무렵이었다.

동산병원과 존슨 선교사

2. 사랑의 원자탄, 손양원 목사

여수 애양병원에 가면 세 명의 동상이 있다. 월슨 선교사와 토플 선교사의 동상이 병원마당에 마련되어 있다.

윌슨 선교사와 토플 부부

그 이외 손양원 목사의 동상이 있다.

애양병원 우측에 애양원교회가 있다. 전설적인 순교자 손양원 목사가 담임했던 곳이다. 단지 6년밖에 사역을 하지 못했지만 그가 떠난 지 70년이 넘은 지금까지 손양원 목사는 사랑의 원자탄으로 회자되고 있다.

손양원 목사 동상

교회에서 조금 떨어진 곳에 손양원 역사기념관이 있다.

애양원교회

손양원 역사기념관

마당에는 손양원 목사가 살인자 안재선을 아들로 맞이하는 동상이 있다.

손양원과 안재선

손양원 목사는 1939년에 부임하자마자, 1940년에 신사참배로 투옥되어 광주 형무소와 청주 구금소에서 모진 고초를 겪었다. 손양원 목사의 아버지도 독립투사였기 때문에 독립투사의 피가 흐르고 있었다. 손 목사의 자녀들에게는 손 목사의 신앙의 피가 흐르고 있었다.

그는 5년을 복역하고 해방과 함께 출소하여 1946년에 경남노회로부터 목사안수를 받고 2년 만에 안재선이라는 좌익에 의하여 두 아들을 잃게 된다.

1918년부터 시작된 고려공산당의 영이 30년 만에 호남까지 퍼져 해방의 기쁨도 맛보기 전에 좌익사상에 물든 사람들에 의해서 교인들이나 목회자들은 커다란 피해를 봐야 했다.

손동인, 손동신의 무덤

손양원 순교기념관 앞마당에는 12명의 순교자를 기리는 비석이 있다. 대부분이 좌익이나 공산당에 의하여 순교를 당했다. 1918년에 시작된 고려공산당의 씨앗이 호남에까지 뿌려져 자라나고 있었다. 이념의 영은 예수의 영과는 달리 상대편을 적으로 판단, 죽이는 데 서슴없이 앞장 선다.

손양원 역사박물관 앞, 12명 순교자 비석

1. 김정복 목사(1882.6~1950.9.27.), 68세에 공산당에 순교하심.
2. 손동신 성도(1930.0.18~1948.10.21.), 여순 사건 때 18세로 복음을 전하다가 총살당함.
3. 손동인 성도(1925.11.8.~1948.10.21.), 여순 사건 때 동신과 함께 23세로 순교함.
4. 안덕윤 목사(1897~1950.8.7.), 교회 뒷산에서 공산당원에게 죽창에 찔려 향년 53세로 순교함.
5. 양용근 목사(1905.10.14.~1943.12.5), 신사참배 거부로 옥고를 치르던 중 38세로 감옥에서 순교함.
6. 이기풍 목사(1865.1.25.~1943.6.20.), 신사참배 거부로 모진 고문 끝에 결국 향년 77세로 순교함.
7. 이선용 목사(1908.10.21~1950.12.9.), 6.25때 훼손된 교회를 복구하기 위해 노회를 찾아 가던 중 공비들의 총격으로 향년 43세로 순교함.
8. 윤형숙 전도사(1898~1950.9.28.), 3.1 운동 때는 여고생으로 시위주도를 하다가 왼팔과 오른쪽 눈을 실명했고 고문 후유증으로 시달리다가 여수 제일교회 전도사 시절 한국전 때 미평동 과수원에서 향년 52세로 순교함.

9. 조상학 목사(1877~1950.9.28.), 일제 때는 신사 참배 거부로 옥고를 치렀고 6.25 때 교회를 지키다가 공산당에 의해 73세로 순교함.

10. 지준철 성도(1930.6.10~1950.9.28.), 퇴각하던 공산당원들에게 아버지 지한영 강도사와 함께 집단학살로 향년 20세에 순교함.

11. 지한영 강도사(1908.5.16.~1950.9.28.), 독실한 기독교도란 이유로 아들과 함께 총살로 향년 44세로 순교함.

12. 허상용 집사(1906.12.25.~1950.9.28), 교회를 지키다가 둔덕 과수원에서 공산당에 의해 향년 44세로 순교함.

윤형숙 전도사

윤 전도사는 전남 여수 출신으로 1919년 3월 10일 광주 수피아여고 재학 당시 독립만세 시위대열에 참가하여 대한독립만세를 외치는데 일본 경찰이 휘두른 칼에 왼팔이 잘려나갔고, 그 와중에도 오른팔로 태극기를 집어 들고 대한독립만세를 더욱 크게 외쳤다. 이 사건으로 한쪽 눈을 실명하고 한팔이 절단되는 중상을 당한 채 체포된 윤 전도사는 징역 4개월을 받고 4년간 일본 군부대에 유폐됐다. 2004년 건국훈장에 추서됐다.

손양원 목사는 4년 동안 애양원 교회를 시무한 후, 6.25 전쟁이 발발하여 1950년 9월 여수 미평동에서 공산군에 의해 총살당했다. 목사 안수를 받고 4년간 목회를 하고 하늘의 부름을 받은 것이다.

손양원 목사 가족

손양원 전도사는 1938년 평양신학교를 졸업하였지만, 신사참배 반대자라는 이유로 목사 안수를 받지 못한 상태에서, 애양원교회가 그를 담임 교역자로 청하였는데 부임하고서도 손 전도사는 1940년 신사참배 반대를 이유로 투옥되어 목회를 제대로 할 수 없었다. 해방 후 출옥하여 손양원 전도사는 다시 애양원교회에 부임하고 1946년 2월 경남노회에서 목사 안수를 받았다.

그러나 1948년 10월 21일 여순사건으로 두 아들이 안재선을 중심으로 한 좌익 학생들에게 순교를 당하는 고통을 겪었다. 손 목사는 아들을 죽인 안재선을 양자로 받아들여 사랑의 원자탄의 닉네임을 얻었지만, 본인은

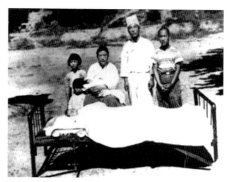

상주 안재선

정녕 고통의 원자탄이었을 것이다. 손양원 목사가 순교 당하자 안재선이 상주 노릇을 하였다.

손 목사는 아들이 죽은 지 2년 후 1950년 6.25전쟁 때 환자들과 함께 있겠다며 피난을 거부하고 교회에 남아 있다가 1950년 9월에 공산군에게 순교당했다. 공산군의 특징은 사람을 죽이는 데 앞장서고 무력과 폭력을 행한다는 것이다. 그러나 손양원 목사는 사랑의 원자탄으로 대신했다.

손양원 목사는 두 아들을 잃은 것도 하나님의 뜻이라고 생각하고, 두 아들의 장례식에서 아들을 죽인 이를 회개시켜 아들로 삼겠다고 말했다. 아들을 죽인 '좌익 청년 안재선'은 국군에게 붙잡혀 재판에 넘겨져 사형을

선고받았다. 손 목사는 안재선에 대한 구명운동을 벌였고 각고의 노력 끝에 마침내 안재선을 석방되게끔 하여 그를 양아들로 삼았다. 친아들 둘을 죽게 한 살인범을 아들로 삼은 것이다.

안재선을 껴안는 손양원 목사

안재선의 아들(안경선)은 목사가 되었다. 손양원 목사가 안재선을 아들로 삼았기 때문에 안재선도 목사의 길로 갔고, 그의 아들 안경선도 목사의 길을 선택했다.

손양원 목사의 사랑과 용

안재선 아들 안경선 목사: 출처, CBS, 새롭게 하소서

서의 정신이 살인자의 아들을 목사로 만들었다. 김대중 대통령도 자신을 죽이려고 했던 사람들을 용서하고 기념관도 세워주었다.

1998년에 대통령이 된 이후 김대중은 용서의 정신을 갖고 집무했다.

"우리가 남을 용서한다는 것은 내가 선하고 의롭기 때문이 아니다. 나도 용서받아야 할 죄인이기 때문이다. 용서는 따지고 보면 남을 위한 것이 아니라 자기를 위한 것이다."

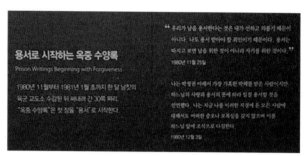

김대중 노벨상 기념관

김대중 노벨상 기념관

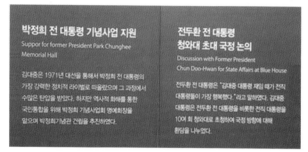

김대중 노벨상 기념관

그는 용서와 화해의 지도자였다.

그는 자신을 죽이려 했던 박정희 기념관을 만들고, 전두환 대통령을 청와대로 초청하여 국정을 논의하였다. 전두환 대통령은 "김대중 대통령 재임 때가 전직 대통령들이 가장 행복했다"라고 했다.

박정희 대통령은 김대중을 납치하여 죽이려 했고, 전두환 대통령은 내란음모죄로 김대중 전 대통령을 죽이려 했다. 그러나 김대중 대통령은 보복정치를 하지 않고 자신을 죽이려고 했던 두 전직 대통령을 용서하여 보복정치를 마감했다.

김대중 노벨상 기념관

노벨상 수상 사진

지난 2000년 12월 10일(현지 시간) 김대중 대통령이 노르웨이 오슬로 시청에서 열린 노벨평화상 수상식에서 베르게 노벨위원회 위원장으로부터 평화상 증서 및 메달을 수여받은 뒤 포즈를 취하고 있다.

제6장
을미사변과 광양

제6장

을미사변과 광양

1. 명성황후 시해와 조선인들

1894년 동학농민혁명 때 일본군 대본영이 조선에 파병한 '동학당 토벌대'로 농민 학살에 앞장섰던 하급 장교가 1895년 10월의 '명성황후 시해' 때도 핵심 구실을 한 주범 가운데 한 사람으로 드러났다.

을미사변은 1895년 8월 20일(양력 10월 8일) 새벽 일본의 공권력 집단이 조선왕후(명성황후) 민비를 살해한 사건을 말한다. 자신의 시아버지 대원군과 정치적 갈등관계에 놓여있었던 민비는 청나라와 좋은 관계로 인해 대원군을 청나라에 4년 동안 유폐시키기도 했고, 동학난 때에

흥선대원군과 명성황후

는 청나라를 끌어들여 동학난을 진압하게 하기도 했다.

민비가 청을 끌어 들임으로서 자동적으로 일본이 한반도에 상륙하는 구실을 갖게 되었다. 민비가 동학을 진압하기 위해서 청나라를 끌어들인 것은 엄청난 과오였다. 일본이 합법적으로 한국에 들어오는 계기를 마련해주었기 때문이다. 민비와 대원군은 대립관계에 있었고 무능한 고종은 결단력이 없는 사람이었다. 고종은 민비에 휘둘리고 대원군에 휘둘렸다.

1) 갑신정변의 주역 김옥균

김옥균

민비는 일본을 등에 업고 1884년 12월 4일 갑신정변을 일으킨 김옥균을 살해하기 위해 자객 홍정우를 보냈다. 김옥균은 1872년(고종 10년) 문과 알성시(謁聖試)에 장원급제한 천재였다. 그는 어려서부터 문장 · 시 · 글씨 · 그림 · 음악 등에 두루 다재다능했다. 그는 양자로 입양되어 유명한 선생들을 찾아다니며 과거 준비에만 전념했다. 김옥균이나 서재필 모두 천재적인 사람이었지만 김옥균은 중국으로 가서 살해당했고, 서재필은 미국으로 건너가 언더우드 선교사 형의 도움을 받아 동부에 잘 정착하여 한 시대 인물이 되었다. 김옥균도 윤치호나 서재필처럼 미국으로 갔어야 그의 재능을 발휘할 수 있었다.

민비는 박영효, 서광범, 서재필도 살해하려고 하였지만, 이들은 모두 미국으로 도망을 갔다. 상하이에서 만난 윤치호가 김옥균에게 홍종우는 조선에서 보낸 스파이니 조심하라고 했지만 조심하지 않았다. 김옥균이 낮

잠을 잘 때, 프랑스 유학생 홍종우는 미리 준비한 총으로 3발을 쏴서 김옥균을 상해에서 암살하였다. 미국으로 망명한 서재필은 처음에 언더우드 형의 도움을 받아 동부에 정착했고, 이후 의학박사가 되었다.

김옥균을 암살한 홍종우

중국을 선택한 김옥균은 암살되었고, 미국을 선택한 서재필은 의학박사가 되어 살았다. 서재필은 살아서 나중에 고국의 독립을 위해 독립문을 세우고, 독립신문도 창간했다. 후에 하지 중장으로부터 대통령 제안도 받았다.

2) 민비를 시해한 우장춘의 아버지, 우범선

민비는 그가 의존했던 청나라가 1894년 일본과의 청일전쟁에서 패배한 후, 그의 입지도 좁아졌고 결국 일본 자객에게 살해 당하고 만다. 일본측의 조사기록을 보면 죽은 명성황후의 얼굴이 너무 젊어 젖가슴을 살펴보고 확인했다고 기록되어 있다.

폭도들은 명성황후의 시신을 녹원(鹿園) 숲속으로 옮긴 뒤 장작더미 위에 시신을 올려놓고 계속 석유를 뿌려 뼈만 남을 때까지 태우기를 반복했다. 이때가 1895년 8월 20일 오전 8시경이었다. 명성황후의 이때 나이 44세였다.

당시의 폭도들은 다음과 같다.

일본의 민비시해 낭인들

구마모토 기자들

당시 여기에 가담했던 사람들은 일본의 기자들, 외무성 순사 등 일본의 지식층이었다. 한인 중에 농학자 우장춘의 아버지 우범선도 있었다. 구마모토 신문사 기자들도 명성황후 시해에 가담하였다.

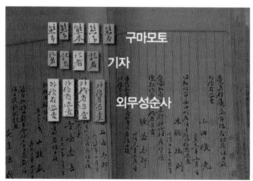
민비 시해에 가담한 사람들, 출처, KBS.

이완용과 우범선

이완용

이완용은 을사오적의 한 사람이며 일본에 나라를 팔아먹은 최악의 매국노로 불린다. 그는 고종을 협박하여 을사늑약 체결과 서명을 주도했고 의정부를 내각으로 고친 후 내각총리대신이 된 사람이다. 이완용은 헤이그 특사 사건 후 고종에게 책임을 추궁하여 물러날 것을 강요했고, 순종을 즉위시켰다. 총리대신으로 일본과 한일병합조약을 체결한 최악의 매국노였다.

을미사변의 한 사람이며 국모 시해 살해에 가담한 이완용 이상 되는 최악의 매국노는 우범선(禹範善, 1857년 5월 24일 ~ 1903년 11월 24일)이다. 우범선은 조선과 대한제국의 무신 및 군인 겸 정치가였다.

우범선 가족

민비 시해 사건을 주도한 미우라는 우범선에게 300엔을 보내기도 했다.

일본 정부는 우범선에게는 매달 20엔씩 지불했다. 교사 봉급 두 배에 달하는 돈이다.

미우라는 히로시마 형무소에서 쓰다 남은 약 1천 엔 가운데 300엔을 우범선 등에게 보내...

우범선이 민비를 시해하고 300엔을 받음

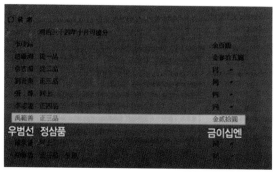

우범선 정삼품   **금이십엔**

우범선은 매달 20엔씩 받음

우범선은 일본 망명 후에 대한제국 정부의 지시를 받은 위장 밀정 자객 고영근에 의해 47세에 암살됐다.

일제의 온갖 방해에도 고종을 모신 홍릉에 '대한 고종태황제···' 비석을 세운 참봉 고영근, 당시 백발이 성성한 69세였으나 끓은 기개는 젊은이 못지않았다. 고영근은 1903년 일본에 건너가 명성황후 시해의 주동자인 우범선을 처단한 행동파였다.

일본에 건너가 우범선을 살해한 고영근

3) 림춘모라는 이름을 가진 조선인 이토 히로부미

민비 시해 사건을 뒤에서 조정한 사람들은 일본의 극우파들이었다. 그 중의 하나가 안중근에게 피살당한 이토 히로부미도 있었다. 결국 죽음을 자초한 사람들이다. 1919년에 안중근에게 살해된 이토 히로부미(이등박문)의 조선이름은 림춘모, 그의 아버지는 조선인 림세장이었다. 림세장은 매국, 매족, 매혼노였다. 림세장은 일찍부터 일본으로 건너가 귀화하였을 것이다.

태극훈장을 두개나 단 림춘모(이토 히로부미)는 조선인의 피가 흐르는 사람으로서 1850년대 일본에서 왜족으로 변신했다. 1876년 초대 통감으로 한반도를 통치하였고, 온갖 악행을 저지르다가 안중근 의사의 총탄에 척살된다. 국모시해에 가담했던 사람 중에 한인으로는 우범선, 림춘모(이등박문)가 있었다.

림춘모 이외에 이노우에 가오루, 미우라 고로도 민비 시해에 앞장섰던 사람들이다. 힘이 없는 국가는 왜족이 국모를 시해해도 할 말이 없었다. 일찍 서구의 문물을 답습하여 근대화에 성공했던 일제는 조선의 국모까지 살해하는 악행을 저질렀다. 림춘모(이토 히로부미)는 의도했고, 우범선은 행동했다.

이토 히로부미
(림춘모)

이노우에 가오루

미우라 고로

'시사 플러스'라는 인터넷 신문은 이토 히로부미의 한국인설을 제기했다.

그들의 이름은 일본 이름이 아니라 조선 이름이었기 때문이었다. 실제로 이토 히로부미의 가족들이 한복을 입기도 하였다. 조선인의 피가 흘렀기 때문일 것이다.

"이토 히로부미는 조선인이었다"...본명은 림춘모, 아버지는 림세장

기사승인 2019.08.11 14:47:01

출처, 시사플러스

이토 히로부미가 한복을 입고 가족과 함께 찍은 사진

이등박문은 1885년에는 내각제 시행과 함께 초대 총리대신이 되었고, 뒤이어 추밀원 의장, 의회 창설과 함께 귀족원 의장에 취임하는 등 정상가도를 달렸다. 평민이나 다름없던 일개 하급 무사가 멀쩡한 무사들도 평민이 되던 시절에 되레 공작이 되는 벼락 출세를 한 것이다. 그는 민비 시해, 조선침략, 한일합방의 주역이었다.

일본은 청일전쟁 승리 후, 조선에서 청나라의 영향력을 제거한 뒤 조선 내에 친일내각을 만들어 조선 침략을 본격화하려는 야욕을 품자, 대외적으로는 영국, 독일, 프랑스가 일본의 세력확장을 경고하며 제동을 걸었고 대내적으로는 민비가 강력하게 저항하였다.

일본은 조선을 식민지화하려는 계획에 따라 진행되던 조선의 친일내각 수립과 개혁이 명성황후의 주도 아래 허물어지기 시작하자, 이를 막고자 1895년 10월, 건청궁의 옥호루에서 명성황후 시해를 실행하게 된다.

민비가 시해된 장소(옥호루)

민비는 일본 낭인이 휘두르는 칼에 희생을 당했다. 아이러니하게도 1894년 동학농민혁명 때 일본군 대본영이 조선에 파병한 '동학당 토벌대' 소속으로 농민 학살에 앞장섰던 하급 장교가 1895년 10월의 '명성황후 시해' 때도 핵심 구실을 했다.

민비를 살해한 일본 검도

그는 당시 일본군 후비보병 18대대 소속으로서 1894년 18대대 1중대와
함께 충청도 금산, 전라도 용담·진안·고산 등에서 동학농민 토벌작전
을 벌인 사실을 당시 일본군 대본영 참모본부 운수통신장관 겸 육군 소장
이던 데라우치 마사타케(초대 조선 총독)에게 보고한 적이 있다.

그 편지는 1894년 12월 26일 쓰인 것이었다. 그는 동학토벌에 나섰던 제
18대대가 명성황후 시해 사건에도 가담했다고 보고했다(동학농민 학살
한 일본군 장교 '명성황후 시해'에도 가담, 한겨레 신문, 2013. 8. 28.). 일
본 군인들은 조선의 농민도 수만 명을 살해하고, 국모까지 살해하였다.

2. 한태원과 웅동교회

명성황후가 끌어들인 청나라가 동학난을 진압하러 오자, 일본도 청과
의 조약에 따라 함께 동학난을 진압하고자 왔다. 결국, 이들이 명성황후
까지 살해하는 상황이 발생한 것이다. 그러나 민비를 살해한 일본 자객
들 중 한 명도 결국 인천에서 살해를 당했다.

한태원이라는 사람이 국모가 일인의 손에 죽었다는 사실에 격분해서
제물포를 통하여 귀국하려는 일본
낭인을 쫓아가서 살해한 것이다.
고영근은 우범선을 일본에서 살해
했고, 한태원은 일본 낭인을 살해
하고 광양 웅동마을로 피신을 하였
다. 일본 낭인들 중 한 명을 죽였을
것이다.

민비를 시해한 낭인들

민비 시해와 웅동교회

역설적이게도 민비 시해를 통하여 광양에 복음이 들어오는 계기가 되었다. 웅동마을은 백운산 깊숙한 곳으로 당시에도 약 20가정만 살고 있었고, 깊은 산

웅동마을

중이라 찾기도 어려운 곳이었다. 한태원은 마을 사람들에게 자신의 처지를 털어놓으며 자신을 숨겨달라고 부탁했다. 마을 사람들은 한태원을 애국자로 판단하고 그를 숨겨주었다.

그러던 어느 날 광주에서 한 관리가 웅동마을에 낯선 사람이 있다는 정보를 듣고 이곳을 정탐하러 오게 된다. 그러나 마을 사람들의 침묵으로 체포에 실패한 관리는 그곳의 젊은이들이 노름으로 허송세월을 보내는 것을 보고, "이제 노름을 그만두고 광주에 가서 야소교 신자 조상학이라는 사람을 만나서 미래에 대한 희망의 메시지를 듣고 새사람이 되라"고 조언을 하였다.

당시 노름을 하였던 박희원, 서병준, 장기용은 3일 동안 걸어서 광주에 있는 조상학을 만나 복음을 전해 듣고 고향으로 돌아와서 예배를 드리게 되었다. 노름하다가 졸지에 예배를 드리게 되었다. 이렇게해서 웅동교회 모임이 시작되었다. 이처럼 웅동스토리는 웅동에 낯선 이가 찾아오는 것으로 시작이 되어, 노름꾼들이 광주로 가고, 광주에서 조상학을 만나 예수를 믿게 되고, 웅동에 돌아와서 교회를 설립하게 되는 것으로 시작한다.

출처, 광양기독교 100주년 기념관

노름꾼을 전도한 조상학 목사는 훗날 공산당들에 의해 순교하게 된다. 선교사 오웬의 조사였던 그는 광양사람들에게 복음을 전파하였던 인물이기도 하다.

출처, C채널

조상학 목사 순교기념비

박정식 목사

박희원의 아들은 훗날 순천제일교회를 담임하고 예장통합교단에서 총회장을 역임한 고 박정식 목사였다. 박정식 목사는 순천의 성자였다.

서병준, 장기용의 자손들 중에서도 목사와 장로들이 많이 나왔다.

당시 한태원은 웅동마을에 숨어 살았고, 훗날 곡성으로 갔다는 소문이 있다. 서병준의 증조카는 현재 웅동교회에서 목회를 하는 서승기 목사이다.

서승기 목사

당시 서병준, 장기용은 계속 웅동마을에서 신앙생활을 했고, 박희원은 이곳에서 약 5㎞ 떨어진 신황리로 내려갔다.

박희원은 신황리의 마을 사람들과 함께 교회를 세웠다. 신황리교회는 전북 동부지역의 최초의 교회가 되었다. 신황리교회는 한때 500여 명이 예배를 드리기도 했다.

신황리교회

결과적으로 민비로 인해 광양에 복음이 전파된 것이다.

민비가 살았을 때는 알렌이 민비의 조카 민영익의 상처가 난 팔을 치료한 것이 인연이 되어 조정에 제중원을 세워 복음이 전파되었고, 민비가죽은 이후에는 한태원이라는 사람이 일본 자객을 죽인 것을 계기로 광양에 복음이 전파되었다. 조정의 제중원은 훗날 연세대 세브란스병원이 된다. 광양에는 훗날 거대한 제철소가 들어선다.

연세대 세브란스병원

명성황후는 묘하게도 개신교와 인연이 있었고, 언더우드 선교사 부인과도 얘기를 나누기도 했고, 한국도 미국처럼 부강한 나라가 되었으면 좋겠다고 한 적도 있다. 명성황후가 시해되기 1년 전 크리스마스 때, 언더우드 선교사의 부인이 미국이 부강하고 자유로운 나라라는 이야기를 했더니 명성황후는 거침없이 "우리도 그런 나라를 만들 수 있지 않겠느냐"고 단호하게 말하기도 했다.

그러자 언더우드 부인은 "그 나라보다 더 좋은 하늘나라가 있다"고 말하니, 명성황후는 "그런 나라에 상감과 우리 백성들이 다 가서 살았으면 좋겠다"고 했다([한국선교 130년 최초 선교사 알렌 이야기] (17) 명성황후 시해 참극에 맞선 알렌, 2015. 5. 30. 국민일보).

민비도 서구 개신교에 대해서는 호의적이었다. 민비는 정치야욕에 젖은 사람이었고 청나라라는 외세를 끌어들여 동학농민들을 진압하도록 지시한 사람이다. 결국, 일본이 합법적으로 한반도에 상륙하는 계기를 만들어주고 외세에 의하여 수만 명의 동학교도들이 죽어간 도화선을 제공해 주기도 했다. 그러나 다른 한편 개신교가 정착하는 데 민비의 공도 있었다.

　2015년 민비를 시해한 일본 낭인 중의 후손인 외손자는 조부의 죄를 사죄하기 위하여 한국을 찾았다. 그나마 양심이 있는 일본인이 있었다.

출처, SBS 뉴스

　웅동에 세워진 교회는 항일정신을 갖고 제국주의에 항전하였다. 그 교회를 통하여 많은 목회자가 배출되고, 많은 신도가 일제에 저항하고 예수를 믿게 되었다. 민비로 인해 조정에 알렌이 제중원을 설립하였고, 민비의 죽음으로 인해 광양에 교회가 설립되었다.

일본 자객의 외손자(가와노) 출처, SBS 뉴스

예배당이 불타다

1949년 10월19일에 발생한 여순사건은 우리광양지역에도 많은 피해를 입혔다. 그전에도 일본의 탄압으로 많은 고통을 받아 두려움에 사로잡혀 살아가던 조용한 마을에 반란군들이 찾아들었다.
그러나 그들은 동민들에게 아무런 피해를 가하지는 않았지만 배고픔을 해결하기 위해 옥곡 묵백리에서 새끼달린 암소를 탈취하여 요리를 해달라고 하였다.

힘없는 마을 사람들은 인간적으로 배고픔에 지쳐있는 그들의 요구를 거부할 수 없었다. 몰래 탈취해온 소를 잡아 식사 준비를 각 세대마다 몇 명씩 분배하여 바쁘게 준비를 하고 있는데 뒤를 따르던 경찰관들이 구황리 마당재를 넘어서 마을에 들어와 동향을 살피기 위하여 집으로 들어가니 주민 한사람이 엉겁 결에 "야 ! 이 사람들아 순사 왔어" 하니 순간 걸음아 날 살려라 혼비백산하여 도망을 갔다.
순사가 공포탄을 한발 쏘니 온 동네가 전쟁을 방불케 하는 총소리로 깜짝 반란군들은 개울로 옆산으로 도망을 갔으나 한사람도 남지 않고 사살되

동민들은 간이 녹을 정도로 겁이나 벌벌 떨고 있던 중 총성이 멈추고 조용해진 가운데 한 사람 한사람 찾아 나오는데 한사람이 얼마를 기다려 나타나지 않으니 죽었는가 걱정하는 중 늦게 나타났다고 한다.

성난 경찰들은 온 동민을 한사람도 빠짐없이 논으로 모아 왜 그들에게 해주느냐며 남자들을 반죽음상태로 때리고 그중에도 서재권씨가 구장여 이유로 제일 많이 맞았다고 한다. 경찰들은 불온자를 가려내려고 하였으 불온한 사람은 한 사람도 없었다.

출처, 웅동교회

제7장
김일의 고향, 고흥

제7장

김일의 고향, 고흥

1. 한국을 빛낸 고흥 출신들

고흥은 보성 밑에 있는 도시로서 남해와 맞닿은 가장 남단에 있는 지역이다. 소록도와 나로 우주센터가 있는 곳이기도 하다.

이곳은 서구의 근대정신을 받아들여 일찍부터 근대 체육에 눈을 떠 세계적인 선수를 양산한 곳이다.

고흥 지도

김일과 유제두, 박지성이 그들이다. 김일이 서구의 레슬링이라는 스포츠를 수용하지 않았더라면 씨름선수로서만 남았을 것이다. 유제두도 복싱

이라는 서구의 스포츠를 받아
들이지 않았더라면 싸움꾼으로
서 남았을는지도 모른다. 박지
성도 서구의 감독을 만나지 못
했다면 아시아의 선수로만 머
물렀을지도 모른다. 그들은 서
구의 운동경기에 일찌감치 눈
을 떴고, 서구의 지도자를 잘 만
나 한국인들에게 "우리도 할 수
있다"라는 새로운 희망을 심어
주었다. 대한민국이 한 단계 도
약하기 위해서는 서구의 정신

나로 우주센터

을 받아들이고 서구에 대해서 눈을 뜨는 것이 필요했다. 서구가 온 세상
의 문명을 지배했기 때문이다.

김일

　자유당 시대 최대의 씨름선수는 이정
재였다. 그는 자신의 힘으로 실현할 곳이
라고는 정치밖에 없다고 판단했다. 결국
세계의 스포츠를 몰랐던 이정재는 정치
에 몸을 맡기게 되면서 단두대의 이슬로
사라지게 되었다.

이정재

그러나 김일은 달랐다. 서구의 스타일로부터 힘을 쓰는 법을 알게 되었고 세계적인 프로레슬러가 되었다.

60~70년대의 암울한 시기에 김일은 서구의 레슬링이라는 스포츠에 힘입어 박치기 하나로 온 국민들의 마음을 사로잡았다. 70년대 당시 김일은 어느 누구 보다 높은 인기로 온 국민의 사랑을 받았다.

1963년 WWA 세계 태그 챔피언, 1967년 WWA 세계 헤비급 챔피언 등 다수의 타이틀을 거머쥔 김일은 국내 프로레슬링 1세대인 고 장영철, 천규덕 등과 함께 세계 무대뿐만 아니라 국내 무대에서도 활동하는 한국인들의 희망이었다. 그 인기는 방탄소년단 이상이었다.

가난에 찌들어 희망이 없던 시대에 한반도 가장 남단에 있는 고흥이라는 곳에서 세계적인 프로레슬러가 등단하여 박치기 하나로 전 세계의 프로 레슬링계를 장악했

세계참피온 김일

BTS Earns First No. 1 Album on Billboard 200 Chart With 'Love Yourself: Tear'

BTS

다. 일본강점기에 마
라톤에서 우승한 손기
정과 같은 효과가 있
었다. 고흥에 가면 김
일 체육관이 있다.

김일체육관

　김일은 1989년 일본
에서 고혈압으로 쓰러
진 이후 1994년 1월 귀국해 투병 생활을 이어 가다가 2006년 10월 세상을
떠났다. 생전 국민훈장 석류장(1994), 체육훈장 맹호장(2000)을 받았으며,
사후 체육훈장 청룡장(2006)이 추서됐다. 2018년에는 대한체육회가 선정
하는 대한민국 스포츠 영웅으로 뽑혔다. 그는 현충원에 묻혔다. 그야말로
국민 레슬러였다.

유제두

　김일 이외에 주먹으로 전 세계를 사로
잡은 국민 복서가 있다. 유제두였다. 유
제두도 고흥 출신으로 1975년에 WBA Jr.
미들급 세계 챔피언이 되었다. 총 전적
은 55전 50승(29KO) 3패 2무이다. 그의 전
적을 볼 때 전설적인 복싱선수였다. 그
야말로 한국의 타이슨이었다.

세계 챔피언 유제두

박지성

고흥은 월드컵 4강의 주역, 박지성이 살았던 고장이기도 하다. 그는 고흥 출신으로 차범근 이후 전설적인 축구선수가 되었다. 박지성은 1981년 2월 25일 전남 고흥군 점

2002 한·일 월드컵 포르투갈전에서 골 넣고 환호하는 박지성

암면 신안리 775번지에서 박성종(45) 씨와 장명자(47) 씨 사이에 외아들로 태어났다. 전남 고흥군 신안초등학교 2학년 재학 때인 1990년 1월 아버지의 사업 관계로 온 가족이 경기도 수원으로 이사했다.

박지성은 명지대학교 축구부에서 활약하다 2000년 일본 교토상가 FC에서 활동했다. 그 이후 히딩크를 만나 국가대표가 되었고, 월드컵 4강의 주역이 되었다. 히딩크를 따라 네덜란드 PSV 에인트호번에서 활약하던 중, 2005년 맨체스터 유나이티드에 입단한다.

알렉스 퍼거슨 감독 시절 '수비형 윙어'로 뛰며 맨체스터 유나이티드에서 연봉 3위에 오를 정도로 세계적인 축구선수가 되었다. 차범근 이후 박지성이 없는 한국축구는 의미가 없을 정도로 그는 월드컵 4강의 주역이기도 했다.

그의 인생은 서구의 히딩크라는 지도자를 만남으로써 새롭게 도약하였다. 그는 영국 프리미어 최대의 전설적인 맨체스터 유나이티드의 주전 공격수가 되었다. 박지성은 맨체스터 유나이티드(이하 맨유)에서 프리미어

리그 우승 4회, 챔피언스리그 우승 1회 등 수많은 우승컵을 들어 올렸다. 네덜란드 리그 우승(2회)과 리그컵 등을 포함하면 유럽 무대에서 17차례나 우승의 기쁨을 맛보기도 했다.

그는 차범근이나 손흥민보다 유럽 최고의 명문팀에서 주전 공격수로 활약하면서 유럽리그에서 우승을 많이 맛본 사람이기도 하다. 박지성의 연봉은 83억 4천만 원으로

박지성 공설운동장

서 맨유 선수단 중 공격수 웨인 루니(153억 원), 수비수 리오 퍼디낸드(108억 6000만 원)에 이어 팀 내 3위에 해당한다. 고흥에 가면 박지성 공설운동장이 있다. 축구는 1892년 조선 땅에 온 전킨(William McCleary Junkin, 1865~1908) 선교사가 평양신학교에 처음 보급하였다.

김일, 유제두, 박지성은 고흥 출신으로서 모두 스포츠계의 전설이 되었다. 박지성은 산소통을 두 개나 메고 다닌다는 말을 들을 정도로 지치지 않는 선수였다.

이러한 고흥에 19세기 말부터 일찍 복음이 들어왔다. 복음이 들어오면 지역이 발전하고 국가가 발전하고 인재들이 나타나게 되는 것이 특징이다.

서구를 만났을 때

한국은 선교사들을 통하여 일찍부터 근대문명과 근대교육을 받을 수

있었다. 불교나 유교를 통한 1000년이라는 세월동안 남은 것은 부패와 국가의 패망뿐이었다. 두 종교의 결말은 나라를 잃어버렸지만, 대한민국은 개신교를 통하여 근대화 문명을 알게 되었다. 오랜 역사를 거쳐서 불교와 유교를 채택한 결과는 사색당파와 임진왜란, 병자호란, 한일합방, 노예 같은 식민지로 귀결되었다. 조선 유교 사회는 부패 일번지로 전락하였다. 서구 선교사들에게 비친 조선은 더럽고, 부패하고, 게으른 것이었다.

그러나 구한말 들어서 유교와 불교, 이슬람권이 지배하는 다른 아시아 국가와 달리 한국은 일찍부터 선교사들이 전해준 기독교 신앙을 수용하면서 그야말로 세계적인 국가가 되었다. 경제, 스포츠, 예술, 문화강국이 되었다. 심지어 한국말로 부른 노래가 빌보드 차트 1위에 올랐다. 방탄소년단이 서구의 음악을 만났을 때 세계 최고의 뮤지션이 되었다.

그만큼 우리나라는 모든 면에서 근대화를 통한 서구 문명이 절실하게 필요했다. 서구의 교육과 스포츠 문명을 받아들인 한인들은 스포츠인으로서 세계적인 선수가 될 수 있었다. 개신교는 대한민국이 경제대국이 되는 데 큰 힘을 보탰다. 골프 연습장 하나 없는 완도의 최경주가 세계적인 골프선수가 되었다. 함평의 김원기는 올림픽에서 레슬링 금메달리스트가 되었다. 그들이 서구를 만났을 때 세계 최고가 되었다.

오늘의 코로나 전염병 시대에 세계적인 의술을 갖게 된 것도 100년 전부터 선교사들이 전해준 의학교육 덕택이었다. 세계적인 스포츠맨들이 나올 수 있었던 것도 선교사들을 통하여 서구를 알았기 때문이다. 선교사들은 단지 병만 고쳐준 것이 아니라 병을 고쳐줄 의사를 양산했고 서구를 알게 하였다.

2. 19세기 후반 삼정의 문란과 고흥의 향리들

19세기 후반은 조선 관리들의 부패와 소작인들에 대한 착취로 인해 삼정이 문란한 상황이었다.

출처, 주간함양

이러한 것이 훗날 동학난의 원인이 되기도 했다. 조선 후반은 그야말로 부패의 일변도였다. 농민들은 더이상 살 희망조차 없었고 이래 죽으나 저래 죽으나 마찬가지라 농민들의 난이 계속해서 발생할 수 밖에 없었다.

삼정은 토지세인 전정(田政), 군역을 포(布)로 받는 군정(軍政), 정부의 구휼미 제도로 사실상 고리대금업이 돼버린 환정(還政) 또는 환곡(還穀)이다. 가장 부패한 것이 환정이었다.

첫째로, 전정의 문란은 말 그대로 밭의 문란이었다. 법으로 정한 조세 외에도 갖가지 명목의 부가세와 수수료를 농민들에게 물리는가 하면, 농사를 못 짓는 황무지에도 세금을 부과하고, 심지어는 백지징세

출처, 시선뉴스

(白地徵稅)라 하여 빈 땅에 세금을 물리는 것 등으로 나타났다.

더 이상 대지는 농민들에게 희망의 상징이 아니었다. 땅은 정직했지만, 사람은 부정직했다. 그래서 대한민국은 땅보다 하늘의 진리를 가르칠 사람이 필요했다. 서서히 땅에 실망을 느낀 사람들이 하늘을 추구하기 시작했다.

이렇게 하늘을 바로 볼 때 비로소 대한민국의 역사가 서서히 변하고 있었다. 고흥에 복음이 들어와 고흥이 변하니 고흥에서 한국사람에게 기쁨을 주는 전설적인 스포츠인들이 탄생했다. 한때 이들은 한국인들에게 복음이나 마찬가지였다.

두 번째, 군정의 문란은 지금도 그렇지만 군 세금의 문제 때문이었다. 옛날이나 지금이나 군대의 문제점은 수그러들지 않는다. 최근에는 추미애 법무부장관 아들의 군 휴가 미복귀 때문에 논란이 되기도 했다. 이회창 씨는 아들의 군 면제 문제로 대통령 선거에서 낙마했다. 당시에도 군대의 문제는 민감했다.

정부는 수단과 방법을 가리지 않고 백성들로부터 세금을 걷었다. 이는 군적에 올려 군포를 부과하는 황구첨정(黃口簽丁), 이미 죽은 사람을 살아있는 것으로 꾸미거나 체납액이 있다는 이유로 군적에서 삭제해주지 않고 가족들로부터 계속 군포를 거둬가는 백골징포(白骨徵布), 도망간 사람의 군포를 친척이나 이웃에 부과하는 족징(族徵)·인징(隣徵) 등의 형태로 나타났다.

세 번째, 환정이 가장 부패했다. 환정의 원래 취지는 춘궁기에 농민에게 식량과 씨앗을 빌려주었다가 추수한 뒤에 돌려받아 농업의 재생산을 도모하고 군자미를 매년 새로운 곡식으로 전환하는 선한 정책이었다. 그러나 빌려준 곡식을 돌려받지 못하는 사례가 늘어나고, 자연적으로 소모되는 곡식이 증가하자 모곡이라 하여 1/10을 이자로 더 돌려받았다.

국가 재정이 어려워지고, 아전들의 횡포가 늘어나면서 모곡의 양이 1/10에서 1/2로 늘어나는가 하면 빌려주는 원곡에 모래나 겨를 섞어 실제량을 줄이고 후에 거두는 모곡은 원곡대로 받는 등 다양한 편법이 자행되었다.

임오군란도 정부가 구식 군인들에게 쌀 대신 모래를 급료로 주니 폭동이 발생했다. 정부나 정치인들이 백성들을 기만하는 것은 어제오늘의 일이 아니다. 이전부터 그렇게 행해져 왔다.

당시도 정치인들은 환곡 받

구 한국군과 별기군 (1890)

기를 거부하는 백성에게도 강제로 배부하거나, 이자를 돈으로 내도록 하여 아전들이 부당한 이익을 취하기도 하였다. 이를 환정의 문란이라 한다. 그야말로 조선 후기정부는 썩을 대로 썩어있었다. 땅을 추구하는 사람들은 백성들의 눈물을 닦아주지 못했다. 하늘을 추구하는 사람들만이 백성들의 한과 눈물을 씻어줄 수 있었다.

삼정 문란은 부패한 관리들이 백성들을 죽이는 정책이었다. 이것은 조선 후기에 숱하게 발생한 민란의 주요 원인이 되었다. 1811년 홍경래의 난 이래로 1862년까지 70개 군 이상에서 농민들이 들고일어났다.

1863년(철종 13년) 2월에 일어난 진주민란은 삼남(三南: 경상, 전라, 충청) 각지로 퍼져 나가 1860년대는 농민항쟁의 폭발 시기이기도 했다. 동학난이 발생하기 30년 전부터 농민들은 부글부글 끓고 있었다.

고흥의 동학과 향리

  고흥도 유사한 상황으로 1862년 삼정 문란에 따른 농민봉기가 발생했고, 이로 인해 1894년 동학의 수용은 자연스러웠다. 고흥에서는 약 3,000여 명이 일어나 금구집회와 보은집회에 참여하기도 하였다. 그러나 고흥의 동학도들은 고흥에서 인정을 받지 못하였다.

  고흥의 동학도들은 1895년 6월에 봉기하여 현청에 들어가 향리를 구타하고 낙원, 하동을 거쳐서 남원성에 입성하기도 하였다. 그러나 고을 향리들은 동학에 대해서 반대했고, 오히려 폭력적이지 않은 선교사들의 복음에 적극적이었다. 향리는 조선 시대의 하급 공무원이었다.

  향리는 지방관청에 속하여 해당 지방의 행정을 맡아 보면서, 지방사정에 다소 생소한 중앙에서 파견된 지방관을 보좌하면서 실무를 담당하였던 토착적이고

사또와 고을 향리

세습적인 공무원에 해당하는 하급관리를 말한다. 그래도 향리 정도면 당시는 지식인이었다.

  향리들은 선교사들이 폭력을 행하지 않고 오히려 의료선교를 하고 새로운 복음을 알려서 영적 도움을 주려고 했기 때문에 기독교에 귀의하게 되었다. 그래서 고흥의 기독교는 다른 어떤 지역보다 동학에 반대했던 향

리 등을 통하여 복음이 전파되었다.

1894년에 금구집회나 보은집회에 참여하였던 농민군들이 귀향하여 흥양읍성을 점령하기 위해 관군과 전투를 벌였지만, 동학도들이 패퇴하고 만다. 이 당시 향리들이 수성군으로 되어 동학교도들과 싸움을 벌였다. 당시 패퇴한 동학도들은 일본군들과 관군에 의하여 수도 없이 많이 죽었다.

3. 고흥에 온 선교사들

1894년 동학운동이 발생할 무렵 레이놀(William David Reynolds, 1868~1951, 이눌서)와 드류(Alexsando Damen Drew, 1859~1924)는 1894년 3월 20일부터 5월 12일까지 호남지역 답사 여행을 하면서 당시 고흥에서 복음을 전했다. 그들은 금산(거금도, 절이도)을 거쳐서 4월 29일 흥양읍성에 들어와 선교활동을 하였다. 이처럼 선교사들의 선교활동은 동학이라는 농민항쟁 시에 이루어졌다. 선교사들은 순교를 각오하고 고흥에 복음을 전했다.

레이놀즈와 드류는 동학난으로 인해 위험한 상황임에도 불구하고 보

말을 타고 전도하는 레이놀즈

성의 인근 지역인 동강에서 복음을 전했는데 향리층들이 복음을 쉽게 수용하였다.

목치숙 조사

고흥읍교회를 담임했던 목치숙의 아버지도 향리 출신이었다. 레이놀즈가 동강면에서 촌로들에게 복음을 전하였는데 양반촌의 촌로들이 환대하였다고 기록하고 있다. 그 당시 레이놀즈가 여관에 묵었는데 이미 여관 주인이 성경책을 부산에서 직접 구입하였다고 하여, 1894년 이전에 복음이 동강에 전파되고 있었다는 것을 알 수 있다.

1897년에는 유진벨과 오웬이 2차 선교답사 여행을 하면서 한약방을 하던 신우구(고흥군외 최초의 신자)를 중심으로 첫 예배가 이루어졌다.

신우구

그 이후에도 1905년 오웬 선교사와 조사 등이 와서 복음을 전하자 마을 사람들이 1906년에 고흥군 옥하리에 교회를 세우게 되었다. 그는 고흥의 지식인과 한약사, 민중들에게 복음을 전파하였다.

조선예수교장로회사기(상권,170)는 고흥읍교회에 대해 다음과 같이 말한다.

"[1906] 고흥군 옥하리 교회가 성립하다. 선시에 선교사 오기원 조사 오태욱의 전도로 신우구, 박용섭, 이 춘흥, 이정권 등이 믿고 사저 혹 서당에서 회집예배하니라"

고흥의 향리들

향리는 고흥의 지식인들이었다. 향리들은 폭력적 성향을 보인 동학보다 서구인들이 전하는 복음에 관심을 보였다. 가장 중심인물은 돈이 많은 한약사 신우구였다. 고흥의 3대 부자였던 신우구가 복음을 받아들이면서 선교가 순조롭게 이루어졌다. 고흥교회 설립의 일등 공신도 신우구였다. 그의 집에서 개척교회를 시작하였고, 그가 선교를 위해 재정적인 일을 감당하기도 하였다.

4. 거금도의 기독교 수용

금산면(거금도)의 기독교 수용은 한익수와 선영홍이 1906년에 경성에서 기독교를 접하고 성경을 구매하여 금산면 최초의 신자가 되었다. 이들이 경성에 올라갔던 이유는 계속된 가뭄으로 기근이 심한 상태였는데 조정이 계속 조공을 독촉하여 섬마을의 삶이 비참해졌기 때문이다. 돌산 군청에도 탄원하였지만 소용이 없자 한익수 집강(면장)과 선영홍 참봉이 금산면 주민들을 대표하여 직접 경성에 올라가 신문고를 울리고 어려움을 호소하였다. 이들의 호소로 인해 조정의 세금은 삭감되었다.

이 두 사람은 경성거리를 구경하다가 길거리에서 미국 선교사를 만나 복음에 관해 듣게 되었다. 한학에 조예가 깊고 신학문에 관심이 많았던 두 사람은 선교사가 전하는 복음을 듣고 감동을 하여 개신교 신자가 되었다. 거금도로 돌아올 때는 선교사들이 준 한글로 번역된 성경을 수백 권을 받아서 주민들에게 나눠주면서 복음을 전했다.

처음에는 선영홍의 집에서 예배를 드렸다. 그러다 선영홍의 형이 자식도 없이 일찍 사망하는 바람에 차남이던 선영홍이 집안을 이끌어야 했고, 그 때문에 제사문제로 인해 선영홍이 기독교를 떠나게 되었다. 선영홍이 갑자기 예수를 믿지 않겠다고 선언하자, 예배드릴 처소가 없어져 1907년에 신흥리교회가 세워지게 되었다. 신흥리교회는 금산면(절이도)에서 1907년에 세워지고, 신평리교회(명천교회)는 1908년에 세워진다. 쉽게 복음이 전파될 수 있었던 것은 대부분 신도가 선영홍의 소작농이었기 때문이다. 지주 출신 오석주가 신평리교회를 세운 것도 대부분 소작농이 예수를 믿었기 때문에 순조롭게 교회가 성장할 수 있었다. 당시 재정을 담당한 선영홍은 흥양 목장의 향리 출신이었다.

금산(거금도, 절이도)의 신평리교회(현 명천교회)

레이놀즈가 쓴 일기에는 '져리도'가 나온다. '져리도'는 고흥 금산(거금도)의 옛 지명이다. 도양읍인 녹동은 고흥반도의 서남쪽 끝자락에 있다.

명천교회   레이놀즈의 일기

고흥의 향리와 자제들

이처럼 고흥은 부자들이나 지식인들이 복음을 접하면서 교회가 많이 세워지게 되었다. 특히 3.1운동을 경험하면서 많은 사람들이 감옥에 갇히게 되었다. 다행히 향리층의 자제들이 부모가 감옥에 갇혀있을 때, 기독교청년회를 조직하고 의료사업과 야학을 전개하고, 선교를 주도해 나갔다. 초기 신자 중에 목회자들이 많이 배출되었고 이들이 중심이 되어 신사참배 반대운동이 조직적으로 전개되기도 하였다.

고흥의 기독교가 순조롭게 전파될 수 있었던 것은 향리층이라는 지식인들이 동학에 반대하면서 기독교를 수용하고 그들이 감옥에 갇혀있을 때 그들의 자제들이 움직이면서 포교활동이 확산되었기 때문이다.

5. 고흥의 교회들

고흥읍교회

1) 고흥읍교회

고흥읍교회 당회록은 첫 신자를 신우구, 목치숙, 박용섭, 박무웅, 설준승, 이춘흥이라고 기록하고 있다. 그리고 이들이 1901년 4월 고흥읍 옥하리에 있던 한약방 2층에서 첫 예배를 드렸다. 첫 창립 멤버였던 목치숙은 나중에 평양신학교 재학 중에 3.1 운동 만세운동에 개입하다가 3년간 옥고를 치른다.

아동문학가 목일신

목치숙은 고흥읍교회에서 사역하고 아들 목일신은 부설 유치원에 다녔다. 아들은 교회에서 배운 신학문의 영향을 받아 훗날 400여 곡이나 동요를 발표하는 시인이 되었다. 목일신의 동요 「자전거」, 「누가누가 잠자나」는 국민동요였다.

목일신이 고흥 흥양보통학교(현 고흥동초교) 5학년 때 「자전거」라는 동요 가사를 작사해 1932년 기독교 어린이잡지 「아이생활」에 발표했다.

출처, 부천타임즈

찌르릉 찌르릉 빗켜나세요/자전거가 갑니다 찌르르르릉/저기 가는 저 영감 꼬부랑 영감/어물어물 하다가는 큰일납니다

찌르릉 찌르릉 빗켜나세요/자전거가 갑니다 찌르르르릉/오불랑 꼬불랑 고개를 넘어/비탈길을 스스록 지나갑니다

찌르릉 찌르릉 이 자전거는/울 아버지 사오신 자전거라오/머나먼 시골길을 돌아오실제/간들간들 타고 오는 자전거라오

넓고 넓은 밤하늘엔/ 누가 누가 잠자나/ 하늘나라 아기별이/ 깜박깜박 잠자지
깊고 깊은 숲 속에선/ 누가 누가 잠자나/ 산새 들새 모여 앉아 / 꼬박꼬박 잠자지
〈1965년 교과서〉

출처, 부천타임즈

부천에 가면 목일신의 「자전거」 시가 쓰인 비석이 있다.

그는 1913년 고흥에서 태어나서 1927년 처음으로 동아일보에 「산시내」를 발표했고, 「자전거」는 5학년 때 발표했다. 1929년에 동아일보에 「참새」를 발표하고, 1930년에는 「시골」, 1931년에는 「물레방아」가 당선되는

목일신 비석

등 약 400편의 동요를 지었다. 목포에 박화성이 있었다면 고흥에는 목일신이 있었다.

1956년 초등학교 교과서에는 「비누방울」이 실렸고, 음악 교과서에는「자전거」, 「누가누가 잠자나」가 실렸다. 그 이외 대중가요, 군가 등을 작사하였고 배화여고 교가까지 작사하였다. 목일신은 광주학생의거에 참여하여 감옥에 1개월 간혀있으면서도 손바닥만 한 종이에 몽당연필로 작품을

만들기도 했다.

목일신은 김일과 유제두, 박지성과 달리 고
흥 출신으로서 펜이란 힘을 가지고 있었다.
고흥은 체육인뿐만 아니라 문예인도 배출하
였다. 그러나 그 역시 고흥의 육체적인 힘을
무시하지 못하였다.

목일신 가족 사진

고흥읍교회가 배출한 위대한 동요작가였
지만 이화여중고에 교사로 재직하던 1950년
대에는 탁구선수이자 코치, 감독으로 위쌍
숙, 위순자 자매를 탁구 국가대표로 키웠고, 1960년에는 배화여중고 연식
정구부 감독으로 동아일보 주최 제38회 여자연식정구대회에 출전한 적도
있을 정도로 선천적인 고흥의 물리적 힘이 있었다.

순교자 이기풍

이외에 고흥읍교회는 이기풍 목사가 목회
를 하던 곳이기도 했다. 순교자 이기풍
(1865~1942)목사는 1924년 5월에 고흥읍교회
에 부임했다. 그는 고흥지역에 여러 교회를
세워 활동하다가 5년 10개월 만에 총회 전도
부 파송에 따라 제주도 선교사로 가게 되었
다. 고흥읍 당회록에는 이기풍 목사의 이름
이 적혀 있다.

이기풍 목사 가족

이기풍 목사는 1938년 신사참배를 거부하다 체포됐고 이때 받은 고문 후유증으로 여수 금오도 우학리교회를 사역하다가 소천했다.

고흥읍교회 당회록

당회록

2) 우학리교회

이처럼 고흥에는 걸출한 인물들이 많이 배출되었다. 체육인으로는 김일, 유제두, 박지성, 문예인으로는 목일신을 배출했고 목회자로서는 이기풍 목사를 배출하기도 했다. 고흥 읍교회는 1894년 레이놀

우학리교회

즈, 드류, 1905년 오웬 선교사의 도움으로 역사적인 교회가 개척되었고, 향리들과 그들의 자제로 인해 발전하였다. 여러 목회자들은 신교육과 신

문명에 힙입어 3.1운동에 가담하거나 신사참배에 반대하여 신앙을 지키기도 했다.

목일신도 항일의식을 갖고 광주학생의거에 가담하였으면서도 소사 방정환처럼 아이들을 위한 많은 동요를 작사하여 아이들에게 생기를 불어주었다. 고흥출신들은 근대화된 문명을 맛보면서 일부는 체육인으로, 일부는 항일 투쟁으로, 일부는 문학가로서 국위를 선양했다. 모두 한민족의 정신과 기를 살리는 역할을 하였다.

고흥군 100년 이상 된 교회들

1906년에는 고흥읍교회, 1907년에는 신흥리교회, 1908년에는 신평교회, 1910년에는 주교리교회, 1915년에는 오천교회, 길두교회, 1918년에는 유둔리교회(무만리교회에서 분립), 1920년에는 대덕리교회(주교리 교회에서 분립), 1921년에는 관리교회, 내발리 교회, 동정리교회, 1922년에는 송천리교회, 1923년에는 한천교회(고흡읍교회에서 분립)가 세워졌다.

열정적인 선교사 오웬

고흥에는 100년 이상 된 교회가 13개 이상이다. 선교사 오웬이 죽기 3년 전 1906년에 담당한 지역은 광주, 화순, 동복, 능주, 장성, 남평, 구소, 신창리, 용기, 흥양군, 고흥이다. 오웬의 영향이 고흥까지 미쳤다. 오웬은 장거리 여행에 대해서 하루에 약 100리 이상 이동하였다고 기록하였다.

"나는 시난 해에 남쪽으로 약 100리 또는 하루의 이동거리를 여행하였다. 그 일은 큰 복을 받고 있다. 나는 거기서 도착하려고 약 12시간 동안 말 위에 있었다고 느꼈다. 그러나 나의 마음은 한 새로운 지역의 첫 열매들을 보게 되어 기뻤다."

그는 하루에 12시간 이상 말을 타고 전도하는 열정을 보여 1909년 장흥에서 과로로 인해 폐렴에 걸려 광주에 3일 만에 당도하였지만 그만 목숨을 잃고 만다. 오웬은 호남신학대학교 동산에 유진벨, 셰핑과 함께 안장되어 있다. 오웬이 있었기 때문에 고흥과 전남 동남부에 100년 이상 된 교회가 많이 세워졌다.

제8장

서재필의 고향, 보성

제8장

서재필의 고향, 보성

1. 서재필의 생애와 활동

고흥에 김일, 유제두, 박지성, 목일신이 있었고, 목포에는 김대중 대통령, 여류소설가 박화성이 있었다면, 보성에는 우리나라에 자유민주주의를 최초로 소개한 서재필이 있었다.

서재필은 1864년 보성에서 출생한 사람으로 과거에 급제한 조선의 문신이고, 일본강점기에는 독립신문을 창간한 언론인이며, 미국에서는 해부학자이며, 영문으로 소설을 쓴 문학가이며, 중추원, 농상공부 고문이기도 하고, 미국 펜실베이니아대학교 의과대학 초빙교수이기도 했다. 서재필은 보성이 낸 천재였다. 보성에 가면 서재필기념관이 있다.

서재필은 1885년 우리나라에 제일 먼저 선교사로 들어왔던 언더우드 형의 도움을 받아 미국에 정착하는 데 성공했다. 한국에 들어온 미국 선교사들은 한국뿐만 아니라 미국에 있는 한국인들이 미국에 정착하는 데까지 도움을 주었다.

서재필기념관

특히 미국 선교사들은 한인들이 하와이 사탕수수 농장에서 일하도록
주선을 하기도 했고, 관군에 쫓겨 다니는 동학교도들이 미국으로 도피하
도록 도움을 주기도 하였다. 미국 선교사들은 예수의 정신을 갖고 어디를
가든지 한인을 살리는 역할을 하였다.

선교사들은 신사참배 반대 운동에 앞장을 섰고, 일제의 제국주의의 실
상을 외국에 알리는 데 많은 공헌을 하기도 했다. 서재필은 1864년 1월 7
일 전라남도 보성군 문덕면 용암리 가내마을에 있는 외가 성주 이씨 집안
에서 동복현감 서광효와 이씨 부인의 셋째 아들로 태어났다. 그러나 아버
지의 6촌 형 서광하의 양자로 가면서 그의 인생은 달라졌다. 그의 양어머
니는 세도정치로 유명한 안동 김씨 가문의 사람이었다. 서재필은 양어머
니의 오빠인 예조 참판의 집에 갔다가 김옥균을 만나면서 인생의 큰 전환
점을 맞게 된다.

그는 김옥균의 도움으로 일본 사관학교에 가서 신식 군대 훈련을 받고
와서 국내에 들어와서 신식 군대 훈련소인 조련국의 사관장으로서 생도

들을 양성한다.

1884년 갑신정변이 발발했을 때 서재필이 데리고 있었던 생도들이 무사로서 활동하기도 했다. 그러나 갑신정변은 명성황후에 의한 청나라의 개입으로 실패하게 된다. 즉 쿠데타의 실패였다. 쿠데타에 실패하자 그의 가족은 처참하게 몰살당한다.

일본사관생도 서재필

가족의 몰살

아내는 자살하고 하나 있던 두 살 된 아들은 돌봐주는 이가 없어 굶어 죽는다. 음독한 어미의 젖을 빨다가 같이 죽었다는 설도 있다. 양가, 친가 가릴 것 없어 양아버지 서광하는 전 재산을 몰수당하고 노비로 전락했고, 생부 서광효는 자결하였다.

생가 형제 중 맏형 서재춘은 감옥에 갇혔다가 독약을 먹고 자살했고, 이복형 서재형은 관군에게 붙잡혀 참형을 당했다. 생모 이 씨는 노비로 끌려갔다가 1885년 1월에 자살했고 서모와 이복동생들 역시 죽임을 당했다. 서재필의 인생과 가족은 하루아침에 파멸하고 말았다. 이처럼 개혁과 혁명은 목숨을 담보해야 했다. 그러나 서재필은 미국에서 신앙에 귀의하여 한 번도 조국의 독립을 잊은 적이 없다. 그가 의사 활동, 사업을 하면서 번 돈으로 조국에 독립 자금을 보내기도 했다.

서재필의 출조선

서재필은 갑신정변 수역들과 함께 일본으로 도망갔고, 일본에서도 찬밥 신세가 되자, 미국으로 망명하게 된다. 다행히 미국에서 정치 망명을 수용하여 서재필은 박영효, 서광범과 함께 1885년 4월, 샌프란시스코에 도착했다. 김옥균도 미국으로 갔더라면 살해당하지 않았을 것이다.

김옥균, 박영효, 서재필, 서광범

미 서부에 도착한 서재필이 동부지역으로 정착하게 된 것은 조선에 선교사로 와있던 언더우드의 주선 때문으로 알려졌다. 한국에 있는 언더우드가 윤치호의 부탁으로 자신의 형에게 서재필을 소개하여 서재필이 정착하도록 도움을 주었다. 언더우드의 형은 언더우드 타자기 회사의 회장으로서 사업에 성공을 한 사람이었다. 광주기독병원에서도 언더우드 형이 기증한 언더우드 타자기를 사용했다.

광주기독병원에서 사용한 언더우드 타자기

윤치호도 서재필과 유사한 상황이었다. 윤치호는 개화파와 교분을 하였다는 이유로 갑신정변의 공모자로 몰려 중국으로 도피했다가 1888년 미 남장로교의 후원으로 밴더빌트대학에서 유학을 하게 된다. 이후 1891년 안식년으로 미국에 와 있었던 언더우드와 함께 세계 선교사 대회에 강사로 참가해서 조선의 상황을 역설하여 남장로교 7인의 선발대가 한국에 파송되도록 감동적인 연설을 한 사람이다.

언더우드와 윤치호 때문에 7인의 선발대가 한국에 와서 사역하게 되었다. 예수가 가슴에 들어있는 사람들은 어떻게 해서든지 조국을 살리기 위해서 노력을 했다.

언더우드와 윤치호

훗날 감리교 신자인 윤치호는 애국가를 작사하였고, 문교부차관에 해당하는 지위에까지 오르고 그의 5촌 조카는 대한민국의 4대 대통령(윤보선)이 된다. 윤보선 대통령은 안동교회에 참석했다. 박영효는 미국생활을 접고 귀국했지만, 가족도 모두 몰살당하여 오고 갈 데도 없는 서재필은 미국에서 버텨야 했다. 그는 가구점의 광고지를 배달하며 생계를 꾸렸다. 주말에는 교회를, 저녁에는 YMCA 야간학교에 다니면서 영어를 배웠다.

이때 서재필은 우연히 홀렌백(John W. Hollenback)이라는 펜실바니아 출신 사업가를 만나게 돼 1886년 펜실베니아로 거처를 옮기면서 그는 인생의 전환점을 맞게 된다. 서재필은 그해 가을부터 미국 수도 워싱턴 D.C에 있는 컬럼비아대학(현 조지워싱턴대학의 전신)의 야간부인 코코란 과학학교에 입학했다. 이 학교는 3년 과정이었는데 서재필은 1년 만에 학사

학위를 받고 졸업했다. 디 교육당국은 서재필의 뛰어난 능력과 조선에서의 고위관리 경력을 참고해 이 같은 학위수여 결정을 내렸을 것으로 보인다.

서재필이 서구를 만났을 때

여기서 서재필은 과거시험을 보면서 한문을 외우던 실력을 발휘하여 라틴어, 그리스어 수학 등 여러 과목에서 우등생이 됐고, 1887년 6월 졸업식에서는 졸업생 대표로 고별연설을 하기도 했다. 서재필이 서구를 만났을 때, 또 다른 서재필이 되었다.

서재필은 마침내 1889년 컬럼비아대학교 의학부에 입학해 3년 과정의 공부를 마치고 1892년 한인 최초로 미국 의학박사(M.D.)가 되어 1893년에는 정식 의사면허를 취득했다. 미국에 도착한 지 8년 만에 미국의 의사가 되었다. 서재필은 의과대학 재학 중이던 1890년 6월 10일에 한인으로서는 최초로 미국 시민권을

서재필 수련의 과정

취득했다. 그는 가필드병원에서 1년간 수련의 과정을 마치고, 1893년 의사면허를 취득한 후 1895~1896년에는 모교에서 세균학 강사로 일했다.

서재필 박사는 1895년 한창 동학혁명이 진행되어 있을 무렵, 워싱턴에서 10년 전에 헤어졌던 박영효를 우연히 만나 한국에 귀국하게 된다. 갑신정변의 피해자인 서재필 박사는 1896년에 귀국하여 독립협회를 만들고 독립협회에서 1897년 독립문을 건축하고 독립신문을 창간한다. 한글

과 동시에 영자도 만들었다. 그는 이상재, 이승만 등과 독립협회를 결성하고 중국을 사대주의화 한 모화관(慕華館)을 인수, 개축하여 독립협회회관으로 사용하였다.

갑신정변은 당시 1,500여 명을 동원한 청나라 때문에 실패하여 서재필은 청나라에 대한 한이 있었을 것이다. 갑신정변을 일으킨 무리는 단지 신식 군인 150명만 보유하고 있었기 때문에 쿠데타 성공은 어려웠다. 더군다나 도와주기로 했던 일본이 배신했다.

서재필은 1897년 중국 사신을 맞이하는 영은문(迎恩門)을 헐고, 그 자리에 독립문을 세웠다. 이는 청나라의 속국에서 벗어나는 것을 의미했다. 갑신정변은 청나라의 출동으로 실패했기 때문에 서재필은 한국에 오자마자 청나라의 유물부터 지우는 작업을 했다.

1896년 독립협회는 프랑스의 개선문을 본떠 영은문을 헐고 독립문을 설립하기로 하여 1897년에 완공되었다.

독립문과 영은문 석주

그러나 서재필은 수구파 정부와 일부 외국인의 책동으로 다시 미국으로 추방되었다. 그 이후 미국 펜실베니아에서 병원을 개업하고 있다가 3.1 운동 소식을 전해 듣고 잡지 《The Evening Ledger》와 제휴, 한국 문제를 세계 여론에 호소하는 한편, 한국에 친화적인 성향의 미국인을 규합하는 한국 친우회(The League of Friends of Korea)를 조직하여 독립운동을 후원하기 위해 노력하였다. 그는 미국에서도 자신의 가족을 몰살시킨 조선에 대해서도 끊임없이 항일운동을 하는 데 앞장섰다. 서재필의 위대성은 조국을 한시도 잊지 않은 데 있다.

조선이 일제의 침략으로 속수무책으로 무너지고 있고, 동학혁명 이후 1896년 조선에 돌아와 자주정신 고취를 위한 계몽활동을 다양하게 벌인 것만 해도 그의 애국정신을 엿볼 수 있다. 서재필처럼 동학혁명의 지도자 전봉준도 당시에는 지성인이었다. 단지 그가 서구를 일찍 만나지 못했을 뿐이었다.

전봉준은 한때 대원군 밑에서 일한 적이 있는 대원군과는 각별한 사이였다. 청을 끌어들여 동학군을 몰살시킨 것은 대원군이 아니라 민비였다. 전봉준은 비록 동학의 접주였으나 한자와 유학을 가르치는 선비로서 위정척사의 정신을 갖고

전봉준 동상

동학혁명을 이끌었다. 혁명은 지성인들이 앞장설 때 가능했다.

한문에 특출한 훈장이었던 전봉준은 동학과 위정척사의 정신으로 투쟁하였지만, 서재필은 서구에서 배운 근대문명의 정신으로 투쟁하였다. 전

봉준도 서구를 일찍 알았다면 우금치 전투에서 비참하게 패하지는 않았을 것이다. 그러나 전봉준은 한반도 전체 수십 만의 동학군을 모았던 당대 최고의 농민 영웅이었다.

서재필은 미국에서 안창호와 교류하면서 조국광복을 위해 죽을 때까지 노력하였다. 미국에 가기 전에는 일본의 힘을 얻어 개혁하려고 하여 친일 개혁파라고 불렸으나 미국에 망명한 이후에는 친미기독교파라고 불릴 정도로 일본의 제국주의를 배제하고, 미국의 민주주의 정신을 척박한 조선 땅에 일찍부터 소개하기도 하였다.

그는 아펜젤러가 세운 배재학당에서 처음으로 자유민주주의를 소개하기도 하였다. 당시 이승만이 배재학당에서 서재필의 민주주의 강의를 들으면서 훗날 기독교 입국론을 꿈꾸기도 하였다. 보성출생인 서재필은 최초의 의학박사, 최초의 미국 시민권자가 되었고, 기독교 정신을 통한 자유민주주의를 한국에 소개한 인물이었다.

그는 1951년 눈이 감길 때까지 한국의 계몽, 민주주의를 한시도 잊어버린 적이 없었다. 1945년 해방 이후 이념논쟁과 신탁과 반탁운동으로 어수선할 때 미국의 하지 중장이 대통령직을 요청하였지만 끝내 거부하고 말았다. 1977년 건국훈장 대한민국장이 추서되었다.

2. 보성의병, 안규홍

서재필이 1864년 태어나서 1951년에 생을 마감한 것과 달리 안규홍은 1879년에 태어나 1911년에 생을 마감했다. 서재필보다 13년 늦게 태어나서 40년 일찍 생을 마감한 것이다. 둘 다 보성사람으로서 공통적인 것은 항일정신이 있었다.

안규홍

서재필과 다른 것은 서재필은 양반 집안
에서 태어나 과거에 급제하여 주로 개화파
들과 연대하면서 신문명에 관심이 많았고,
서구화를 통하여 개혁될 수 있다고 믿었던
반면, 안규홍은 원래는 양반 가문이었지만
오래전에 몰락하여 빈궁했고, 4살 때 아버
지마저 여의게 되어 먼 친척에게 맡겨져 어
린 나이부터 머슴살이를 하게 되었다. 부모 없는 설움을 겪어야 했다.

그에게 붙여진 별명은 '담사리'였는데 이는 소를 먹이는 머슴아이를 뜻
했다. 그러나 그는 하라는 머슴 일에는 집중하지 않고 어려서부터 나무
몽둥이를 들고 동네에서 대장 노릇을 하였고, 세금 걷는 관리가 행패를
부리면 크게 꾸짖고 혼내주었다는 일화도 있을 정도로 어려서부터 기개
가 당당했다.

1907년 대한제국군대가 해산되면서 전
국적으로 정미의병이 일어났는데 안규홍
도 이 당시 보성에서 의병을 일으켰다. 그
의 주적은 친일파, 일본제국, 탐관오리들
이었다. 안규홍을 따르는 많은 사람은 주
로 빈농, 머슴들이었고 그러므로 이렇다
할 무기 하나 없었다.

보성의 의병들

양반들은 안규홍이 머슴 출신이라 판단하고 연대를 하지 않았다. 그래
서 당시 의병을 일으켰던 사람들은 대부분 유생이었던 반면에 안규홍 부

대는 보성 출신의 소작농과 머슴들이었다. 그러다 보니 돈도 없었고 전략가나 뛰어난 사람이 없었다. 그래서 강원도에서 내려온 강용언과 연대하였지만 강용언이 주민들의 재물을 빼앗고 해를 끼치자 그를 숙청해 버렸다.

이후 안규홍의 부대는 해산한 군대, 강원도에서 내려온 부대 등으로 조직이 확대되어 세력이 커졌다. 토착 농어민은 지리에 밝고, 관동에서 내려온 병사들은 전투경험이 많고, 해산 군인은 전략 전술의 이론을 두루 갖추었다.

안규홍의 부대는 가렴주구를 일삼는 관리들을 공격하고, 악덕 토호들의 재물을 빼앗아 농민들에게 나누어 주고 친일단체인 일진회 회원들을 공격하기도 하여 절대 지지를 받았고, 1908년 4월부터 1909년 10월까지 약 1년 6개월 동안 26차례나 일본군과 싸워 승리하였다.

투쟁 초기에는 직접 만든 칼, 창, 혹은 화승총이 전부였다. 시간이 지나면서 일제로부터 노획한 대포나 30연식 보병총, 천보총 등을 보유하게 되었다. 신무기를 확보하여 화력이 향상했고, 지리와 지형지물에 밝아 전술 운용을 잘하여 일제에 큰 타격을 주었다. 그러나 일제도 다양한 방법으로 안규홍 부대를 탄압하였다. 1909년 4월 안규홍 부대를 진압할 목적으로 광주와 남원의 일본군 2개 수비 대대를 차출하여 토벌 작전을 개시하였다. 이 토벌 작전은 실패로 돌아갔지만, 전남 지역 의병 부대에 심각한 위기의식을 불러일으켰다.

그러자 안규홍 부대는 유생 의병장인 전해산, 심남일 부대 등과 연합해 전남 의병 연합 부대를 구성하고, 나주 남평과 영산강 일대에서 합동 작전을 전개하였다. 그리하여 일본군 수십 명을 살상하고, 일본 화물선을 불태우는 등의 전적을 거뒀다. 그러자 일제는 1909년 6월에 이르러 주요 의병 부대의 소재와 근거지를 파악하기 위한 변장 정찰대를 편성하였으며, 주요 의병의 근거지가 어느 정도 파악되자 전남 의병운동에 대한 대대적인 탄압 계획을 수립하였다.

이것이 바로 '남한대토벌작전'이다. 이 작전에는 보병 2개 연대, 공병 1개 소대, 기선 1척, 기정 약간, 그리고 해군 11함대 등 대규모의 병력이 한꺼번에 투입되었다. 그리하여 육지는 물론 해상에 이르기까지 완벽한 포위선을 구축하여 토끼몰이식으로 전남 의병을 탄압하기 시작했다.

1909년 9월 1일부터 10월 말까지 전개된 이 작전으로 일본군의 거미줄 같은 포위망이 안규홍 부대를 압박하자, 그동안 적극적인 항일 투쟁을 전개해 왔던 안규홍 부대도 동요하였다. 9월 18일~19일 사이에 약 60여 명의 부하 의병들이 투항하자, 안규홍은 의병 해산을 명령한다.

후일을 기약하며 고향으로 돌아가던 중 9월 25일 일본군에 체포되었으며, 1910년 6월 22일 대구 감옥에서 교수형을 받고 순국했다. 당시 사람들이 성금을 모아 비석을 세워주었다. 1963년 건국훈장 국민장이 추서되었다.

이처럼 보성은 일찍부터 항일정신이 투철한 천재적인 사람들을 배출한 곳으로 한 명은 서구의 힘을 통하여, 다른 한 명은 한민족의 힘을 통하여 일제에 타격을 주었다. 보성은 예부터 유림과 유교 사상이 투철하여 의병 운동으로 유명한 지역이었다. 보성은 1850년경 보성지방의 환곡 부정사건을 파헤쳐 바로잡고, 1894년에는 유림이 많은 연고로 동학교도들에게 항거하였고, 1905년에는 을사늑약 체결을 반대하고 국권회복을 위한 의병활동이 전개된 곳이기도 하다.

1910년 8월 29일 한일합방조약이 발표되었을 때에도 보성의병들은 거

세계 항의했을 정도로 국가에 대한 충효정신이 강했다. 이는 보성의 유림이 향교를 중심으로 활동했고, 그 위세도 강했기 때문이다. 보성도 나주나 고흥처럼 유림문화가 발달하여 기독교의 선교활동이 어려운 지역이었지만 별다른 대안이 없었던 보성 사람들은 기독교를 수용하였다.

3. 보성교회들

항일정신이 투철했던 보성에도 복음이 전해졌다. 1904년 광주선교부가 설립된 후 오웬 목사는 보성, 고흥, 순천, 광양일대를 순회하면서 복음을 전하였다. 1905년에 그의 조사였던 지원근이 보성지역에서 조상학을 전도 하고, 조상학이 벌교 무만동의 김일현, 정태인을 전도하여 그들을 중심으로 한인들에 의하여 보성 최초로 무만동교회가 설립되었다.

1) 무만동교회

무만동교회

무만동교회 전면

보성군 벌교읍의 무만동교회가 제일 먼저 설립이 되었다

2) 보성읍교회

보성읍교회는 1915년에 세워진다.

보성에 정착한 이두실과 정종귀가 기도 모임을 하게 되면서 보성읍교회가 태동하게 된다. 이두실 집사는 일본식 건물을 짓는 신식목수로서 신문화에 관심을 두던 중, 신문화에 관심이 있었던 사람들을 전도하게 된다.

초대 교역자는 이형숙 조사였고, 2대는 정기신 조사, 3대 교역자는 고흥읍교회를 태동시킨 목치숙 조사였다. 4대 교역자는 황보익 조사이다. 황보익

황보익 목사

보성읍교회

조사는 1930년에 평양신학교를 졸업하고 항일운동과 민족주의에 투철하여 교회를 성장시킨다. 신사참배 때도 거부를 하며 교회를 지켰다.

그의 아들 역시 서재필 박사 이상으로 큰 인물이었다.

4. 보성의 인재, 황성수 박사

황보익 조사의 아들인 황성
수박사는 1917년 전남 보성
에서 출생하여 1937년 평양
숭실전문 영문과를 졸업 후,
일본 메이지대 영문과와 동
경제대(도쿄대) 법문학부 대
학원에 입학하여 1940년에

황성수 박사

졸업을 하고, 미국 웨스트민스터신학교에서 유학을 했고, 1942년에는 미국방성 전시 정보국에 발탁돼 일본어, 한국어 방송 주임으로 근무했다. 1946년에는 귀국 후 한국 관계와 정계에 진출했다.

이승만 정권시절 참의원, 국회부의장을 지냈고 전남도지사를 거쳐 명지대 법정대학장을 지내기도 했다.

신앙적으로는 전국기독청년면려회(CE) 회장, 한국기독교실업인회(CBMC) 초대 회장, 한국복음주의방송협회 이사장, 기독공보사 부사장, 대한예수교장로회(보수) 총회장을 역임했다. 황 목사는 1950년대 부산 피란 시절부터 시작한 '한국기독학생동지회'라는 신앙강좌를 통해 20여 년간 많은 제자를 길러냈다.

1950년대 CCC와 IVF의 기초를 이룬 한국기독학생신앙동지회를 창립하고 학생 복음화 운동을 이끌었다. 1950년대 부산에 피난민이 몰리던 시절 부산 중앙교회에서 황성수 목사가 시작한 기독학생신앙동지회는 CCC와 IVF의 기초를 이루었다.

이때부터 시작된 기독학생신앙동지회 신앙강좌는 1970년대 초까지 서울 승동교회에서 매 주일 오후 3시마다 진행됐다. 선교사들을 통하여 보성에 떨어진 작은 복음의 씨앗이 서재필과 황성수 같은 훌륭한 사람을 길러냈다. 선교사들로부터 복음을 부여받은 보성은 천재 기독교도들을 통하여 우리에게 기쁜 소식을 전해주었다. 오웬에 의해서 뿌려진 복음의 씨앗이 보성에서 국회 부의장을 길러내기도 하였다.

제9장
동학의 최후 항쟁, 장흥

제9장

동학의 최후 항쟁, 장흥

1. 장흥의 사회적 상황

　1894년 동학농민들이 전주성을 점거하자, 조선 정부는 스스로 힘으로 동학농민봉기를 진압하는데 어려움을 깨닫고 청국에 원병을 요청하였다. 이 사실을 알고 일본도 조선에 들어왔다. 그러자 다시 동학이 봉기하게 되었다. 이번에는 외세 척결을 슬로건으로 내걸었다.

　1894년 9월 중순 전봉준은 전주에서, 손화중은 광주에서 척왜(斥倭)를 부르짖으면서 기포(起包)하자, 이에 호응하여 각처에서 동학농민군이 봉기하였다.

출처, 우리 역사넷

10월 말을 전후하여 전라도 삼례역에 모인 동학농민군의 수는 11만에 가까웠으며, 이는 집강소를 통해 연락이 이루어졌기 때문이었다. 그러나 최후의 우금치 전투를 하기 위하여 1894년 11월 하순에 전봉준이 거느리는 동학 농민군은 관군의 근거지인 공주를 향하여 진격하였으나 상당수가 이탈하여 북상한 수는 겨우 1만여 명밖에 되지 않았다.

전봉준이 이끄는 남접 1만 명, 손병희가 이끄는 북접 1만 명 등 2만 명이 우금치 전투에서 패배했다. 1894년 5월 11일 고부에서 처음으로 봉기했고, 1894년 정부와 화합하자는 뜻에서 전주화약을 맺어 집강소를 설치했다. 그러나 1894년 5월, 청과 일본이 조선에 입성하자 1894년 11월 동학농민군들이 외세 침입에 대해 다시 봉기했다.

결과는 공주 우금치에서 몰살을 당했다. 정신만 갖고 근대화무기로 무장한 일본을 당할 수가 없었다. 일본군들은 우금치에서 호미와 낫, 죽창을 들고 싸우는 농민들을 향해 개틀링 기관단총으로 난사했다. 동학농민들은 부적으로 무장을 했지만 총알은 부적을 뚫고 말았다. 그들은 미신으로 전쟁을 치를 정도로 우둔한 사람들이었다.

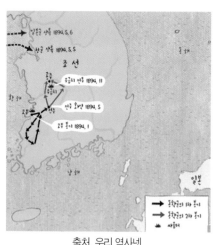

출처, 우리 역사넷

공주 우금치의 공방전은 동학농민군으로서는 운명을 건 일대 혈전이었다. 그러나 6~7일간에 걸친 40~50회의 격전을 치르는 공방전 끝에 우수

공주, 우금치 동학 기념탑

한 근대식 무기와 장비로 훈련된 일본군에게 동학농민군은 많은 사상자를 내면서 참패하고 논산 방면으로 후퇴하고 말았다. 일본군은 3개 중대에 불과했다.

동학농민의 무기는 주로 창이었던 반면, 일본군은 이미 신식무기로 무장해 있었다. 일본군은 1명이 동학군 500명을 상대할 수 있었다.

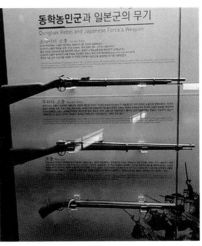

장흥 동학농민운동기념관,
동학농민들의 무기

장흥 동학농민운동기념관, 일본인의 무기

동학농민과 일본군의 화력 비교는 250 : 1, 또는 500 : 1이었다.

그러므로 처음부터 상대가 안 되는 전투였다. 동학 농민군의 주력부대는 1만여 명의 병력 중 겨우 살아남은 500여 명으로 항전을 거듭하면서 전주·태인을 거쳐 금구·원평까지 후퇴

동학농민군과 일본군의 화력비교

Comparison Firepower of Japanese Force and Donghak Peasant Rebels
동학농민군과 일본군의 화력은 250 : 1 또는 500 : 1이었다고 한다.

일본군 병사 1명이 동학농민군 250명 또는 500명을 상대할 수 있었다는 것이다. 1894년 1차 봉기 당시 조선에 침공했던 일본군은 단 8천 명이었다. 2차 봉기이후의 11월부터 동학농민군 진압에 직접 동원된 일본군 주력부대는 후비 보병 제19대대였으며, 이들을 포함하여 약 3천 명의 일본군이 동학농민군 진압에 투입되었다. 세계적인 수준의 근대식 화기를 지닌 일본 정규군과 측일이나 화승총 등 보잘 것 없는 무기를 지닌 동학농민군은 전력과 전술 면에서 극명한 차이가 있었다.

장흥 동학농민운동기념관

하고, 후일을 기약하면서 모두 해산하였다.

이들 중 일부는 장흥까지 내려갔다. 전봉준이 이끄는 동학농민군이 우금치 전투에서 패하자 장흥까지 내려와 함께 투쟁한 결과, 1894년 12월 4일 벽사역 점령, 12월 5일 장흥읍성 점령, 12월 7일 강진현 점령, 12월 10일 전라병영을 점령하여 승승장구하였지만, 근대식 무기를 가진 일본군의 개입으로 1894년 12월 12일~12월 15일 장흥 석대들 전투에서 동학농민들은 잔혹한 최후를 맞이했다.

장흥 동학농민운동을 이끈 대접주는 이방언이었다. 이방언은 동학농민혁명 당시 장흥지역을 대표하는 농민군 지도자였다. 전주와 정읍에 전봉준이 있었고 무안에 배상옥이 있었다면 장흥에는 이방언이 있었다. 그는 원래는 유학자였는데 드물게 동학 지도자가 되었다. 전봉준도 유학자였다. 둘 다 조선의 지식인이었다.

2. 장흥의 동학지도자, 이방언

이방언은 동학 입도 후 장흥 동학도와 농민들을 규합해 전봉준의 주력부대로 활동했다. 이방언은 우금치 전투 이후 최대 규모인 장흥 석대들 전투에서 패한 후 은신해 있다가 부하의 밀고로 관군에 체포돼 처형당했다. 이방언은 장태를 이용해 무기로 사용하기도 했다.

장흥 동학농민운동기념관,
이방언

장태는 대나무를 쪼개서 엮은 타원형의 큰 항아리 모양으로 엮어 그 안에 볏짚을 가득 채워 넣고 그 바깥으로는 칼을 꽂아 공격용으로 만든 무기이다.

장흥 동학농민운동기념관, 장태

장흥 동학농민들은 장태를 굴리면서 적을 향해서 전진했다. 장태는 당시 사용되는 탄환을 막아내는 데는 충분한 효과를 보고 있었다. 동학농민군이 사용했던 화승총의 사거리가 관군의 신식총 보다 짧았기 때문에 장태로 탄환을 방어하며 전진했다.

출처, 우리 역사넷

장태는 황토현 전투에서 처음 등장해 관군에게 충격과 공포를 선사했고, 이후에도 장성 황룡촌 전투에도 쓰이는 등, 동학군이 전주를 함락할 때까지 계속 사용되었다.

2차 봉기 때에도 우금치 전투에서 사용되었다. 하지만 동학군이 장태를 굴리면서 우금치 언덕을 오르기를 시도했으나 능선에서 개틀링건을 쏴대자 속수무책이었다. 개틀링 포(Gatling gun)는 세계 최초의 기관총이다. 미국 남북전쟁 당시인 1862년 리처드 조던 개틀링(Richard. J. Gatling)

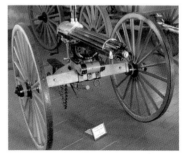

일본군이 동학군을 살해한 개틀링(기관총)건

이 발명했다. 이 총의 특징은 여러 개의 총신을 묶어 발사한다는 데 있다.

이 전투에서 장흥 농민군 1,500명 이상이 죽었으며, 수성군 역시 장흥부사 이하 부민 500명이 사망하고 관민가(官民家) 3,700호가 불탔다. 장흥 농민군은 승승장구하던 12월 초순, 전봉준을 비롯한 동학 농민지도자들이 차례로 체포되거나 살해되었고, 주력부대 역시 속속 해산하여 급속히 고립되는 상황에 이르렀다.

장흥 석대들 전투

장흥 석대들 전투는 1894년 11월 11일 공주 우금치에서 패한 동학농민군, 이방언을 중심으로 한 장흥지역 동학농민군과 전남지방 동학농민군 3만여 명이 장흥 석대들에 집결하여 12월 14일~12월 15일 수성군과 일본군에 대항하여 벌인 전투였다.

특히 장흥 석대들 전투
는 전봉준이 이끄는 동학
군이 우금치 전투패배이
후에도 계속된 항쟁으로
동학농민전쟁의 전체적
현황을 파악하는데 중요
한 전투지이며, 반외세 ·

장흥 석대들

반봉건을 지향한 민족 · 민주운동의 역사적인 전투이기도 하다.

특히 장흥 석대들 전적지
는 정읍 황토현 전적지(사적
제295호)와 공주 우금치 전
적지(사적 제387호), 그리고
장성 황룡 전적지(사적 제
406호)와 더불어 동학농민전
쟁 4대 전적지로서 지정된

장흥 석대들 전적지

전적지와 비교 연구할 수 있는 역사적, 학술적 가치를 지니고 있다.

그 주력부대는 이방언 지도자가 이끄는 동학농민군이었다. 처음에는
농민군들이 장흥읍성과 전라병영, 벽사역, 강진현을 점령하였지만 12월
13일 신식무기를 갖춘 일본군이 관군과 함께 동학농민군들을 공격하여
농민군 시체가 산을 이루었다고 한다.

이처럼 동학의 패배로 인해 상당한 후유증이 있는 가운데 12년이 지나
서 장흥에 선교사들을 통하여 복음이 찾아왔다. 이 복음은 장흥을 죽이는

것이 아니라 살리기 위하여 찾아온 것이다. 기독교 복음은 살리는 데 목적을 두고 있었다.

3. 오웬 선교사와 장흥

오웬의 비석

장흥에 100년 이상 된 교회는 오웬과 유진벨의 작품이다. 그들이 없었다면 교회가 없었을 것이다. 장성읍교회, 진목교회 등은 모두 100여 년 이상된 오웬과 유진벨의 전도에 의하여 세워진 교회였다.

장흥은 유진벨과 동고동락했던 오웬 선교사가 마지막까지 복음을 전하던 곳이었다. 전남 동남부는 오웬 선교사의 발길이 닿지 않는 곳이 없을 정도였다. 그는 의료선교사로 와서 유진벨 사역에 많은 도움을 주었고, 하루에 12시간씩 말을 타고 다니면서 전남 전역에 복음을 전했다.

1897년에 오웬은 의료선교사로서 유진벨과 함께 목포에서 사역하다가 1904년 광주로 사역지를 옮겨 1909년 4월 광주에서 127km 떨어진 장흥까지 와서 전도하던 중, 쌓인 과로로 급성 폐렴에 걸려 3일 동안 가마를 타고 광주로 가는 도중 사망했다. 오웬은 남평, 화순, 능주, 동복, 장흥, 보성, 낙안, 흥양, 돌산, 여수, 순천, 곡성, 광양 등 남부지역을 맡아 선교한 열정의 선교 메이커였다.

이처럼 장흥은 열정의 전도 메이커 오웬이 마지막 복음을 전하던 의미

진목리교회   삭금리교회

있는 곳이기도 하다. 오웬의 영향 아래에 장흥에 여러 개의 교회가 세워
졌다. 그중 제일 먼저 세워진 곳이 장흥군 도청리교회(1905년)이고, 다음
해에 진목리교회(1906년)가 세워진다.

진목리교회는 안덕화, 이자일, 이원방 등이 방천일의 전도를 받고 안덕
화 집에서 가정교회로 시작하여 1년 후 설립하게 되었다. 선교사 오웬과
맥컬리가 시무하기도 한 유서 깊은 교회이다.

같은 해 삭금리교회(1906년)도 세워진다.

1906년 이전부터 장흥읍 남동리 83번지의 가정집에서 예배를 드렸던 것
으로 확인되고 있는데, 1910년 10월 21일 조하퍼(Rev. J. Hopper) 선교사가
전남노회의 허락을 받아 당회를 조직하고 정식으로 교회 설립의 절차를
마무리하였다. 이 교회가 장흥읍교회이다.

장흥읍교회는 시대의 아픔을 주민들과 함께하는 데 앞장서 왔는데, 제
5대 담임목사였던 (고)임기준 목사는 유신독재를 정면으로 비판하는 성

장흥읍교회   1956, 장흥읍교회 유치원 제1회 졸업 기념

명서를 낭독함으로 구속되는 등 장흥읍교회는 역사의 격변기마다 많은
어려움을 겪기도 했다.

장흥읍교회는 1934년 10월 21일 정기신과 박병곤이 장로가 되어 당회를
조직하였다. 그러나 해방 후 박병곤 장로는 1950년 6.25전쟁이 발발하여
인민군에 의해 총살 당한 아픈 기억이 있기도 하다.

제10장

삼별초와 세월호의 마을, 진도

제10장

삼별초와 세월호의 마을, 진도

1. 진도의 사회적 상황과 배중손

　최근 진도를 가면 트로 트 가수로 유명한 송가인 의 마을이 있어 많은 관광 객이 그의 집을 방문하고 있다. 지방자치단체에서 도 송가인의 마을을 만들 어 진도 알리기에 나섰다.

송가인 마을

　그러나 진도는 얼마 전 까지만 해도 세월호의 침몰로 인해 눈물의 섬이었다. 트로트의 즐거움도 있지만, 세월호의 눈물도 있는 섬이다. 세월호 사건은 너무나도 충격적 인 사건이어서 정권까지 바꾸어 놓는 결과를 초래하였다. 팽목항에 가면 학생들을 애도하는 리본이 끝도 없이 걸려있다.

배가 가라앉는 급박한 상황속에서 오히려 "가만히 있으라"는 안내방송을 하고 선장과 일부 선원들만 몰래 빠져나가 배 안에 끝까지 남아있던 학생과 승객들이 사망한 참혹한 사고였다. 헬기와 배에 탄 해

진도 팽목항

경들은 배 안에 진입할 생각조차 못하고 그저 바라 보고만 있었다.

세월호

천주교 미사

각계 각층에서 가슴아픈 사고에 애도를 표했고, 개신교에서도 당시 대한예수교장로회 총회 100회 총회장이었던 채영남 목사가 유가족을 방문하여 위로 예배를 드리기도 했다.

위로 예배를 주도하는 채영남 목사

진도는 이전에도 슬픈 역사가 있었던 곳이다. 삼별초 항쟁이 일어났던 곳이다. 삼별초는 세계를 정복했던 징기스칸이 속한 몽고에 대항하여 자그마치 28년 동안 항쟁을 벌였을 정도로 강력한 군대였다.

삼별초는 1219년(고종 6) 최충헌의 정권을 계승한 최우가 방도(防盜) 등 치안유지를 위해 설치한 야별초(夜別抄)에서 비롯되었다. 별초란 '용사들로 조직된 선발군'이라는 뜻이다.

그 뒤 야별초에 소속한 군대가 증가하자 이를 좌별초·우별초로 나누고, 몽골 병사와 싸우다 포로가 되었다가 탈출한 병사들로 신의군(神義軍)을 조직, 이를 좌·우별초와 합하여 삼별초의 조직을 만들었다. 즉 좌별초, 우별초, 신의군을 합하여 삼별초를 만든 것이다. 삼별초는 국가에 속한 정식군대는 아니고 무신정권에서 시작된 사병의 수준이었다. 당시 무신정권의 정치가들은 막강한 사병조직이 있었기 때문에 삼별초는 무신정권의 발로였다.

고려왕이었던 원종은 1270년에 몽고군의 침입을 받아 치욕적인 강화조약을 맺고 개경으로 환도하자, 이에 반대한 삼별초군은 강화파에 대해서 못마땅하게 생각했다. 그들은 항쟁파였다.

그래서 그들은 몽고와 화친한 강화파와는 달리 배 1,000척을 끌고 진도까지 내려가서 투쟁을 하였던 것이다.

몽고와 배중손과의 항쟁

몽고는 해상에 약했기 때문에 삼별초는 섬을 택하였다. 처음에 삼별초
는 몽고와의 전투에서 2번 패배하고 4번 승리하였을 정도로 그 기개가 대
단했다. 삼별초는 원종의 육촌인 온(溫)을 왕으로 추대하고 진도에서 항거
하였고, 고려의 장군 배중손은 용장성에서 대몽항쟁(1270~1271)을 하였다.

용장성기념관

용장성

삼별초는 무신정권의 전위부대로서 다분히 국가의 정규군이라기보다는 사병적인 요소가 있었다. 그러나 항몽전에서는 그 선두에서 유격전술로 몽골병을 괴롭혔으며, 무신정권이 무너지고 몽골과 강화(講和)가 성립되고 고려정부가 개경으로 환도하자 개경정부 및 몽골과 대항하여 항쟁하였다. 무신정권의 사병들이 최후항쟁을 하였다.

배중손 동상

배중손 등은 진도에 성곽을 구축하고 장기적인 항전태세를 갖추고, 해상으로 수송되는 세공을 노획하여 재정에 충당하기도 했고, 전라도·경상도 백성들과 멀리 개경의 관노들까지 호응하여 동조하기도 했다. 삼별초는 배중손을 지도자로 하여 고려 중기 당시 세계 최강의 몽골군대에 여러 차례에 걸쳐 결사 항전을 하였고, 중앙 정부가 몽골에 항복한 상황에서도 삼별초를 중심으로 한 장병들의 항전 또한 세계 역사에 유례가 없는 일이었다.

삼별초는 한동안 남해지방의 세금을 거두어 장병을 훈련해 본토회복을 위한 전진기지로 삼았으나, 몽골에 항복한 고려의 원종과 몽골 연합군에 의하여 용장산성이 함락되고 배중손은 제주로 가기 위해 굴포 항구에 왔다가 배를 타지 못한 채 결국 최후를 맞이하였다.

동학교도들이 조선·청일연합군에 의해 망했듯이 삼별초도 나몽연합군에 의하여 패배하였다. 신라도 삼국통일을 하기 위해 당을 끌어들였고 고려는 삼별초를 치기위하여 몽골을 끌어들였고, 조선은 동학농민을 죽이기 위하여 청일을 끌어들였다. 민족의 비운이었다.

2. 진도 선교와 순교자들

미국의 선교사들은 이방인을 끌어들여서라도 같은 민족을 살상하는 조선과 달리, 조선을 살리기 위하여 복음을 들고 왔다. 예수의 정신은 죽은 자도 살리는 것이었다. 경제, 교육, 건강, 종교, 전쟁으로 죽은 한민족을 살리는 것이 그들의 사명이었다.

선교사들이 공식적으로 진도를 방문한 시기는 1905년이었고, 당시 진도를 방문한 선교사는 프레스톤, 오웬, 의사 다니엘(T. H. Daniel)로서 이들은 서울에서 유배 온 젊은 선비를 만나 전도했고, 이 사람들이 모여 예배를 드리기 시작하면서 1905년 자생적으로 분토리교회가 설립되었다.

분토리 교회를 설립했던 정경숙, 김경

분토리교회 장로들

원, 김경오는 이미 도정의라는 사람으로부터 전도를 받아 자생적으로 예배를 드리다가 신도가 70명에 달하자, 당회를 조직하고 정경숙을 장로로 옹립하게 되었다.

도정의는 진도의 첫 그리스도인이었고 분토리교회 뿐만 아니라 해남의 선두리교회도 창립을 했다. 현재 분토리교회는 진도 초대교회로 개칭이 되었다.

진도 초대교회(분토리교회)

1926년도의 분토리교회 당회록은 우측과 같다. 하지만 인력 부족과 협력자들의 부족으로 선교가 활발하게 진행되지는 못했다. 1909년에는 맥컬리 선교사가 간호사인 코르델(Miss Emily Cordell)과 결혼하면서 부모에게 선물로 받은 배를 타고 포사이트(W. H. Forsythe) 의사와 함께 진도 인근의 섬을 돌며 본격적인 선교활동을 펼쳤다.

분토리교회 당회원

진도는 선교사들의 선교에 대한 열정으로 인해 1905년에 분토리교회, 1919년에 중앙교회, 1921년에 금갑교회, 1927년에 고군중앙교회, 1931년에 중굴교회, 1946년에 벽파교회, 1952년에 의신중앙교회 등이 세워졌다. 2006년 현재 진도에는 본도에 75개의 교회가 있으며 인근 섬까지 포함하면 105개의 교회가 있다.

금갑교회

금갑교회도 1921년에 자생적 교회로 세워졌다.

금갑교회(1921년)

진도의 순교자들

　박석현 목사는 1901년 10월 19일 진도읍 교동리에서 태어나 진도소학교를 졸업했다. 1919년 3.1운동 때 진도 청년책임자로 참가했다가 목포형무소에서 6개월간 복역하기도 했다. 이후 피어선신학교와 평양신학교를 졸업했다.

박석현 목사 순교비

　1938년 평양신학교 졸업과 동시에 목사 임직을 받고 나주읍교회에 부임했고 1949년 4월에는 광주 양림교회의 목회자로 부임했다. 하지만 한국전쟁 발발 후 1950년 9월 27일 영암에서 친북 세력들에게 잡혀 가족과 함께 순교했다.

진도중앙교회 담임목사인 김수현 목사와 박해운 장로도 한국전쟁 당시에 순교했다.

진도중앙교회 7대 목사였던 김수현 목사는 전라북도 부안 출신으로 일제강점기에 적극적으로 독립운동에 가담하여 대구형무소에서 복역하

진도중앙교회(1919)

였다. 6.25가 발발하자 교회를 지키다 1950년 9월 4일 인민군에게 끌려가 순교했다. 박종해 안수집사(후에 장로 추서)는 피살된 김수현 목사의 아들을 피신시키려다 인민군에게 피살되었다.

벽파교회(1946)

오교남 전도사
(1927-1950)

벽파교회

벽파교회의 오교남 전도사도 친북 세력들에게 붙들려 23세의 나이에 순교하였다.

북한에서의 종교 탄압은 1948년 9월 북한 정권이 수립되면서 본격적으로 시작되었다.

북한 정권의 궁극적인 목적은 교회를 파괴하고 종교를 말살하는 단계까지 이르게 하는 것이었다.

6.25 전쟁 중 북한군과 공산당에 의해 피살당한 기

독교 교직자는 신원이 파악된 사람만 850명이고, 납북 당한 교직자도 184명으로 피살과 납북 피해자는 모두 1,034여 명에 이른다.

좌익의 영들은 섬까지 찾아가서 선량한 신도들을 살상하는데 열을 올렸다. 전남 서쪽 바다에 있는 임자도(荏子島)에서도 100명, 혹은 150명씩 구덩이를 파고 양민과 교인을 학살했다. 10월 5일 새벽, 임자진리교회 이판일 장로의 일가족 13명 이외에도 35명이 집단 학살당하였다.

임자진리교회

임자진리교회 순교비 제막식

충남 논산의 병촌교회에서는 어린아이부터 노인에 이르기까지 남녀노소 가리지 않고 60여 명의 교인들을 집단으로 학살했다(박완, 「실록 한국기독교 100년」 제6권, 선문출판사, 1973).

병촌성결교회

　1950년 7월, 이 마을에선 인민군의 무자비한 폭력에 비명소리가 끊이지 않았다. 그러나 유엔군의 인천상륙작전(9월 15일)으로 전세가 불리해진 인민군이 마을을 장악해 무자비한 폭력을 행사한 것이다.

　이처럼 예수의 영을 가진 사람들은 어떻게 해서든지 영적, 정신적, 물리적으로 살리려고 노력을 하였지만, 좌익의 영이나 이념에 편승한 사람들은 사람을 죽이는데 온 힘을 다하였다. 사단이 계명을 통해 역사하듯이 한반도에서는 사단이 이념을 통해서 역사했다.

　오늘날에도 좌익의 영을 가진 사람들은 예수의 영을 가진 사람을 죽이는 데 앞장서고 있다. 특히 좌익의 영을 가진 언론들은 예수애보다 동성애를 중시하고 예수의 영을 가진 사람들과 교회를 파괴하는데 중점을 두고 있다.

제11장
순교자의 마을,
영암, 구례, 영광

제11장

순교자의 마을, 영암, 구례, 영광

1. 영암 순교자들과 교회

호남은 한과 눈물의 땅이다. 여수, 순천은 여순 사건으로 인해 많은 민중이 죄 없이 죽어갔고, 장흥은 동학난으로 인해 동학농민들 수만 명이 처참

영암지도

하게 죽어갔다. 영암, 영광은 좌익들과 공산당으로 인해 많은 교인이 순교했다. 특히 영암이나 영광은 좌익으로 유명했던 김삼룡의 영향을 받기도 했다.

김삼룡은 누구인가

김삼룡은 대한민국 정부 수립 이후 1949년에는 불
법화된 남조선노동당의 서울지도부 책임자로 활약
하는 등 이주하(李舟河)와 함께 지하조직에 몰두한
사람으로 북한에서도 조만식과 교환을 하자고 했을
정도로 유명한 좌익운동가였다.

김삼룡

김삼룡은 1939년 출옥한 박헌영의 지도를 받아 경
성전기 · 대창직물 · 경성방직 · 용산철도공작소 ·
조선인쇄소 등의 노동조합 조직을 확장하는 좌익 활동을 했고, 1940년 12
월에는 일제에 체포되기도 했다. 일제도 공산당이나 좌익은 싫어했기 때
문이다.

김삼룡은 1945년 8월 15일 전주형무소에서 출소하자마자 박헌영의 조
선공산당 재건파에서 조직책임을 맡았고, 9월 11일에는 재건 조선공산당
의 조직국책을 맡았으며, 1946년 2월 15일 좌익단체의 연합체인 민주주의
민족전선 상임위원을 지내는 등, 주로 당 조직에 몰두하는 공산주의자로
서 좌익 활동을 하였다. 좌익과 공산주의는 백지장 하나 차이였다.

김삼룡은 1946년 9월 박헌영 · 이강국 등과 함께 남한 정부에 의해 공산
당 간부에 대한 체포령이 내려지자 피신하기도 하였지만 1946년 11월에
는 조선공산당 · 조선인민당 · 남조선신민당의 3당이 합동하여 출범한 남
조선노동당의 중앙위원회 정치위원 후보로 조직부장의 책임을 맡기도 했
다. 즉 그는 남로당 회원이었다.

김삼룡은 1949년에는 불법화된 남조선노동당의 서울지도부의 책임자

공산주의자였지만 1950년 3월 27일 경찰에 체포되어 5월 특별군사재판에서 사형을 선고받았다. 그는 한국에서 자생한 공산주의자로 단두대의 이슬로 사라졌다. 그러나 그의 좌익 활동은 공산주의자들과 좌익들에게 영향을 끼쳐 많은 교회가 파괴되거나 신도들이 순교를 당했다.

오늘날도 예수의 영이 아니라 좌익의 영이 들어간 사람들은 교회를 파괴하는 데 앞장서고 있다. 전남의 영암과 영광은 좌익과 공산주의에 따라 많은 신도가 순교를 당했다.

전남 영암은 남도 땅의 소금강으로 월출산 아래에 그 어떤 힘으로도 옮길 수 없는 신기한 바위가 있다고 해 신령한 바위라는 뜻의 영암이라 불렸다.

영암 순교자들의 교회

영암지역은 목포선교부 니스벳(John Samuel Nisbet, 1869~1949, 유서백) 선교사에 의하여 1915년에 복음이 전파된 지역이다.

처음에 영암읍교회가 세워졌다. 니스벳 선교사는 1869년 미국 남캐롤라이나주 행케스터에서 태어나 1898년 노스웨스트신학교를 졸업하고 목사가 되었으며, 1907년 38살에 선교사로 지망하고

니스벳 선교사

내한하여 전주에서 선교 사역을 시작하였다. 1911년에는 목포선교부로

와서 사역하는 중 1915년에 영암지역에 복음을 전하고 교회를 세운 것이다. 그러나 그가 세운 교회에서 가장 많은 순교자가 나왔다.

해방 이전에 영암 일대에는 17개의 교회가 세워져 있었지만 6.25 당시 공산군에 의해 1950년 9월 말부터 10월 사이 87명이나 되는 많은 교인이 학살되었다. 특히 영암군 내 8개 교회의 교인들이 공산군에 의해 비참하게 학살되었다. 영암읍교회 24명, 구림교회 19명, 상월그리스도교회 26명, 천해교회 10명, 매월교회 3명, 삼호교회 2명, 독천교회 2명, 서호교회 1명 등 총 87명이 순교하였다.

영암군기독교연합회는 2000년에 87인의 순교자기념비를 세웠으며, 2006년에 군의 지원을 받아 군서면에 영암군 기독교 순교자기념관을 세웠다.

영암군 기독교 순교자기념관

6.25 전쟁 동안 전남 영암지역이 좌익과 공산당들에 의하여 가장 큰 피해를 당하였다. 1974년에는 무덤 곁에 '순절비'가 세워졌고, 2000년이 되어서야 이들처럼 전쟁 중에 순교한 87명의 이름을 새긴 순교비가 건립됐다.

영암지역 순교자들 순교비

영암읍교회

1950년 6.25 전쟁이 발발했을 때 좌익과 공산당들은 이념의 우상에 빠져 영암읍교회에서는 김동흠 장로를 비롯한 24명의 교인을 4차례에 걸쳐 학살했다. '묻지마' 학살이었다. 좌익들은 예수 믿는다는 사실만으로도 공산주의의 유물론에 반대된다고 판단, 빨랫줄로 사용하던 철사를 사람들의 손바닥에 꿰어 야산으로 끌고 가서 학살하기도 했다.

영암읍교회 순교비

유물론자에게 유신론자는 공공의 적이었다. 순교비는 유물론자들의 잔학상을 드러내었다.

영암읍교회

상월 그리스도의 교회

상월교회

상월교회는 1913년 7월 영암군 학산면 지소 마을에 세워진 지소교회가 그 시작이다. 당시 이 교회를 세운 이는 전도부인 나옥매였다. 나옥매는 자신의 개인재산을 털어서 가난한 이들을 돕고 그들에게 복음을 전했다. 그러나 6.25 전쟁 당시 좌익과 공산주의자들에 의하여 신덕철 전도사 가족과 전도부인 나옥매 가족 등 26명의 순교자가 발생했다.

상월교회는 원래 장로교회였는데 6.25전쟁 시 사역했던 전도사가 순교하는 바람에 그리스도의 파로 교단을 옮겼다.

매월교회

매월교회에서는 15살 소녀를 포함하여 세 명이 순교를 당했다. 공산당들은 이념 앞에 사람들의 생명은 그렇게 중요하지 않았다. 그들은 하나님이 주신 생명을 이념으로 덮어버렸다.

매월교회에서는 박희서 장로(광주계림교회) 모친인 임자임(45세)집사를 재

매월교회

판도 없이 공중 앞에서 흉기로 치고 찔러서 공개적으로 살해함으로 순교를 당했고, 이태일 성도(55세)는 일반 우익인사들과 함께 어디론가 끌려 갔는데 그 다음에 야산에서 두 손이 묶인 채 죽창에 찔려 학살당했다. 함께 따라갔던 이양심(15세)도 행방불명이 되었다. 좌익들은 죽창을 갖고서 신도들을 무자비하게 살해하였다.

삼호교회

삼호교회는 성도 김상규 씨와 성명 미상 1인이 공산당에 의해서 살해되었다. 이처럼 좌익의 영이 깃든 사람들은 교인이나 교회를 죽이는 데 앞장을 서고 있다.

1950년 10월 추수기에 목포 양동교회 고 김제환 장로의 외아들 김상규 군(당시 고려대 재학 중)이 완

▲ 영암지역 여덟 교회의 순교사적을 묘사한 회화작품들.(영암군기독교순교자기념관 소장)

도 외가에 피신해 있다가 성명 미상의 친구와 함께 목포에 가려고 삼호면에 와서 용당리 뒷산 길로 바다를 향해 가다가 인민군에게 붙잡혀 친구는 바닷가에서 총살되었다.

김상규는 심한 구타를 당하고 인근 저수지로 끌려가서 돌에 매달려 수장당했다. 좌익과 공산당들은 자신들과 다르면 사람의 생명을 휴지조각처럼 경시 여기고 있다. 약 10일 후에 현 박영종 장로 부친이 이를 알고 시신을 인양하여 가매장을 한 후 그 후 김제환 장로 가족이 이장해 갔다.

그리고 6년이 지난 후 아들이 피 흘려 순교한 것을 기념하여 교회를 세웠고 삼호교회는 크게 성장했다.

서호교회

서호교회

서호교회 교역자 노홍균 전도사는 1915년 6월 26일 전남 영암군에서 출생하였으며, 목포 고등성경학교를 졸업하였다.

6.25 전쟁 당시 목포노회 파견 전도사로 해남군 구림리교회를 담임하고 있다가 은신하기 위해 고향으로 왔다가 빨치산들에 의해 죽창과 농기구로 처참하게 살해당하였다.

노홍균 전도사

노홍균 전도사는 독천교회(영암군 학산면에 소재), 성전교회(강진군 성전면에 소재), 서호교회(영암군 서호면에 소재), 구림교회(해남군 화원면에 소재) 등을 다니며 복음을 전하고 교회를 설립하며 전도사의 역할을 충실히 감당해 냈다.

독천교회

독천교회는 그 전신이었던 월창교회로 미암면 월창리에서 6.25를 맞이했다. 독천교회 예배당은 신축한 지 2년도 못 되어 인민군에 의해 불살라졌다. 그 당시 목조건물이던 교회당은 석유까지 부어 순식간에 불태워졌다.

교인들은 두려워 숨고 흩어졌으며 당시 주일학교 교사와 청년회 회장으로 봉사하던 정길성 성도가 열심히 교회학교에 다닌다는 이유로 붙잡혀 동구 밖으로 끌려가 죽임을 당했다. 정길성 성도의 순교 후 약 5년 후에 이웃인 독천에 교회가 설립되어 지금까지 성장해 왔다.

독천교회

구림교회

6.25 당시 인민군에게 학살당한 목사, 신부, 장로, 수녀들은 신원이 밝혀진 사람만 174명에 달한다. 또한, 인민군이 퇴각하며 납북된 종교인들도 184명에 달하는 것으로 확인되고 있다.

기독교인에 대한 집단학살은 전남 영암군 영암읍교회 사건을 비롯해서 인공치하 90일 간 조직적으로 전개됐다.

1950년 10월 5일, 점령군에서 패잔병 신세가 된 무안 일대의 빨치산이

월출산으로 은신처를 옮기면서 구림
교회를 불태우고 당시 구림교회 교인
과 우익인사 28명을 색출해 인근의 초
가 주막으로 몰아넣어서 불태워 살해
하였는데, 성도들은 그 순간에도 찬송
을 부르며 영혼을 하나님께 부탁하였
다. 합동묘와 순절비는 구림고등학교
앞에 세워져 있다. 이념에 사로잡힌 자
들은 사람을 죽이면 이념이 실현되는
것이라고 판단했다.

구림교회

2. 구례 순교자와 빨치산 사건

전라남도 구례는
지리산 남쪽 기슭에
자리한 소박한 도시
다. 해발 1,000m 이
상의 20여 개 산봉우
리가 넉넉하게 펼쳐
지고, 섬진강이 마
을 앞으로 흐른다.

지리산 전경

그리고 구례에는 1000년 고도의 유명한 화엄사라는 절이 있다. 화엄사
는 전라남도 구례군 마산면 황전리에 있는 사찰로 대한불교 조계종 제19

교구 본사이다. 삼
국 시대에 창건되었
으며, 지리산 국립
공원 안에 있다. 544
년에 인도에서 온
승려 연기가 창건한
것으로 화엄경의 두
글자를 따서 절 이

화엄사

름을 지었다. 선덕여왕 12년(643년) 자장이 증축하여
석존사리탑 · 7층탑 · 석등롱 등을 건조하였다.

이선용 목사

이처럼 구례에는 지리산이라는 민족의 명산과
경상도와 경계를 이루는 섬진강이 젖줄처럼 흐
르고, 고도의 아름다운 사찰이 있는 곳이기도 하
다. 그러나 구례는 다른 한편으로는 1948년부터
1953년까지 빨치산이 활동하였던 이념의 고장이
기도 하다. 빨치산으로 인해 교회가 피
해를 보고 구례중앙교회의 이선용 목사
가 순교를 당한 곳이기도 하다.

이선용 목사 순교비

1943년 구례중앙교회 양용환 목사는
신사참배로 일제에 의해 순교를 당했
고, 이선용 목사는 1950년 12월 29일 빨
치산에 의해 희생을 당했다. 이선용 목
사는 조선신학교를 졸업해서 1942년에

목사 안수를 받고, 온성교회에서 목회하면서 일본에서 병아리를 주문해 농가에 분양하고 양돈을 통해 자영 농촌진흥에 힘쓰는 등 농촌운동을 통해 농촌을 살리기도 하였다.

이 목사는 1948년 10월 여수 · 순천 사건 당시 피난 가지 않고 교인과 반란군에게 전도하고 국군이 들어왔을 때 예수 믿은 반란군 등을 구출하기도 했고, 오해받는 주민들을 자기 옷을 벗어 주면서 눈물로 기도하여 군중을 감동하게 했다. 당일의 사형자들을 위해 보증을 서서 전원 석방하기도 했다.

6.25가 발발하자 군민이나 교인들의 오해로 불가피하게 부산으로 피난하여 빈민들을 위해 희생을 하기도 했다. 1950년 10월 서울이 수복되자 구례읍 중앙교회로 돌아와 교회복구를 정상화하였다. 12월 9일 교회건축관계로 순천노회에 상의하러 가던 중 동행한 국회의원 이판열 집사와 이 집사의 딸 그리고 마산리교회 정관백 전도사와 5명이 모두 산고개를 넘어서려는 순간, 산에서 몰려나온 지리산 빨치산들에게 총살당했다. 당시 나이가 43세였다.

그의 순교비는 화엄사와 구례읍 가는 세 갈래 길에 우뚝 서 있고 순천노회 앞 정원에 있다. 이처럼 구례는 이념의 고장이기도 하지만 눈물의 지역이다.

이현상

구례는 여순사건으로 패색이 짙은 구 빨치산과 맥아더의 인천상륙작전으로 이미 남부지방까지 내려왔던 공산당들이 북한으로 피신하지 못하여 지리산으로 들어간 신 빨치산(6.25 이후의 빨치산)이 활동했던 지역 중의 하나이다. 당시 지리산에서 빨치산을 주도한 것은 이현상이었다.

이현상

이현상(1905년 9월 27일 ~1953년 9월 17일)은 일제강점기의 공산주의 계열 독립운동가, 사회주의자, 노동운동가이며 해방 후에는 남조선로동당의 간부로 지리산 일대를 중심으로 파르티잔 활동을 주도했다.

이현상은 1906년 충남 금산(錦山)에서 태어났다. 전주 이씨로 이른바 양반의 집 자손인데 면에서 첫째가는 부잣집의 4형제 중 막내로 부유한 가정에서 자라났다. 그는 보통학교를 나와 고창에 있는 고창 고등보통학교에 들어가 2학년을 마치고 서울로 올라가 중앙고등보통학교에 편입한다. 그러나 졸업반인 5학년 때 순종 장례식날 6.10만세 운동이 발생하였다.

이현상은 서울시내 고보생들을 이끌고 시위를 주도하다가 왜경에 체포되어 6개월간 감옥살이를 하다가 공산주의 사상을 배우게 된다. 그는 밀항선을 타고 상해로 가지만 임시정부의 난맥상에 실망하고 귀국하여 보성전문학교 법과에 들어갔으나 4개월 만에 그만둔다.

1928년에 이현상은 조선공산당에 입당하고, 고려공산청년회에 들어가 학교 동맹휴학을 조직하다가 제4차 조선공산당 사건으로 검거되어 징역 4년을 선고받는다.

1933년부터 이현상은 이재유 그룹에서 서울 동대문과 용산에 있는 각

급 공장에 적색노조를 조직하기 위한 준비운동을 하다가 11월 '이재유 그룹 검거사건'에 걸려 7년간 복역한다. 1940년 '경성콤그룹'에 들어가 인민전선부를 맡아보다가 10월 체포되어 2년간 미결수로 있다가 병보석으로 나와 다시 지하투쟁에 들어간다. 해방되면서 남로당 노동부장이 되었고, 여순 사태가 터지면서 중앙당 결정에 따라 지리산으로 들어가 남부군, 곧 남조선 인민유격대 총사령관이 된다.

1946년 말에는 박헌영과 이주하, 김삼룡, 이현상 등이 핵심 간부를 맡은 남로당을 결성하였다. 그는 빨치산의 전설적인 인물이었다. 그는 지리산을 중심으로 5년 동안 결사항전을 하고 국군에 의해서 1953년 9월 17일 사살된다. 북한에 이현상의 비석이 있을 정도이다.

당시 지리산 빨치산과 군경 토벌대는 무기에 있어서 현저한 차이가 났다. 무기 보급이 어려웠던 빨치산은 국군토벌대에 의하여 쉽게 무너졌다. 이미 김일성이 이끄

북한, 이현상 비석

는 북한공산당은 빨치산을 토사구팽한 상태였다.

구례의 빨치산 사건

1948년 10월 28~29일에는 구례군 토지면 문수리에서 정부군과 반군사이에 전투가 벌어졌으며 제12연대와 경찰부대는 29일 오전에 구례군 토

지면의 초등학교에 있는 인민군사령부를 기습하였다. 빨치산은 인민사령부를 철거하고 70~80여 명의 소부대로 편재하여 산간지대에 잠복하다가 밤이 되면 산간마을로 내려와 보급투쟁을 전개하였다.

31일에는 빨치산 300여 명이 포위되었고, 11월 1~2일에는 구례지역에서 빨치산 23명이 사살되었고, 10여 명의 민간인을 체포하였다. 11월 3일에는 빨치산의 김지회가 구례의 지서를 습격하고, 간전초등학교에 마련한 하사관교육대 숙소를 습격하기도 했다.

빨치산 혐의를 받는 여성과 아이들 포로.
강성현 제공

11월 초순에는 제3연대 2대대장 조재미 대위가 지휘하는 부대로 인해 주민이 부역 혐의로 몰려 학살이 자행되기도 했다. 죄 없는 민간인들은 피아구별이 어려웠기 때문에

수도사단 사령부 내 임시 방책 안에서 대기 중인 빨치산 포로들.
강성현 제공

대량 희생을 당했다. 군이 주둔하면서 민간인 학살이 자행되었고, 민간인을 사살하고도 마치 빨치산이 사살한 것처럼 보고하기도 하였다. 많은 여인들이 빨치산으로 몰렸다.

여순사건이 발생한 이래 군경의 강경 진압으로 동병사와 가족, 그리고 수많은 지역민이 희생을 당하였다. 민간인과 빨치산이 구분되지 않았다.

여순사건은 군의 권한을 무제한으로 확대하고 강화하는 계기가 되어 5.18 때 광주시민을 무자비하게 학살하는 계기를 만들었다. 군의 권한이 무제한인 것에 비례하여 일반 민중은 참혹한 고통을 받았다.

포로 빨치산들

　구례지역은 정부군이 순천과 여수를 탈환한 이후 반군과 정부군이 집중적으로 교전을 벌인 곳이었다. 반군의 공격이 대규모로 이어진 곳이기도 하다. 순천에서 퇴각한 반군과 광양 백운산 근방 산악지역으로 퇴각한 반군이 섬진강을 건너 지리산에 집결했기 때문에 구례는 10월 하순부터 11월 사이에 구례에서 크고 작은 교전이 벌어졌다. 시간이 흐르면서 구례는 무력으로 교회를 죽이려는 빨치산들은 사라졌어도 사람을 살리는 교회는 100년이 지나도 계속 꿋꿋이 지키고 있다.

구례중앙교회

구례중앙교회

　구례중앙교회는 자생적 교회였다. 1894년 고형표 씨가 일찍이 미국에서 복음을 듣고 귀국하여 구례읍 봉동리에 가옥 1동을 매입하여 예배처소로 사용한 것이 그 시초이다.

1904년에는 유진벨 선교사가 와서 교회창립예배를 드렸다. 1908년에는 구례읍교회로 명칭을 정하고 시작하였다. 1920년에는 코잇 선교사에 의하여 교회가 재건되었다.

분파된 교회는 지금까지 구례읍교회의 명칭을 그대로 사용하고 있었다. 빨치산은 사라졌어도 교회는 여전히 굳건하게 자리를 지키고 있다.

구례읍교회

3. 영광의 집단 순교

전남 영광은 다른 어떤 지역보다 좌익에 의한 피해가 심했다. 9.28 서울 수복으로 공산당이 후퇴하면서 영광의 많은 주민들이 살상을 당했다. 6.25 동란 때 영광의 주민들은 약 2만 명이 죽었다.

영광지도

야월교회

전남 영광군은 개신교, 불교, 원불교 등 3대 종교 성지로 알려진 곳이다.

야월교회

야월교회 기념관

특히 기독교도들은 염산교회와
야월교회의 순교를 잊지 못한다.
이곳 영광은 유진벨 선교사에 의
하여 복음이 전파된 곳이다. 야월
교회는 1908년 4월 5일 설립되었
다.

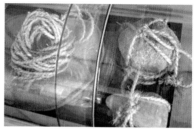
좌익들이 교인들을 돌에 산 채로 매달아 죽임

　1950년 9월 퇴각하는 공산군에
의하여 전교인 65명이 모두 산채로 매장되거나 수장되어 죽임을 당하고
교회와 성도들의 집이 불태워졌던 사건은 세계 기독교 역사상 유례없는
순교 사건이다.

　야월교회에서 은퇴한 최종환 장
로는 당시 자신은 10살이었고 자신
이 죽지 않은 것은 교회를 다니지
않았기 때문이고 당시의 광경이 생
생하다고 하면서 여전히 좌익의 후
손들이 마을에 살고 있다고 전했다.

최종환 장로, 출처, 국민일보

1905년 6.25 전쟁이 발발했을 때 남쪽까지 쳐들어온 인민군은 7월 말 영광지역을 점령했다. 자생적 공산당들인 남한의 좌익들은 죽창을 들고 야월교회를 인민의 원수로 지목하고 가혹한 박해를 시작했다. 그 죽창이 지금까지 남아 있다.

좌익들이 사용한 죽창과 칼

다행히 9.28 수복과 함께 교회도 자유를 되찾고 야월교회 교인들은 대대적인 국군 환영행사를 준비했다.

그러나 당시 영광은 광주에서 활동하던 사회주의자 박헌영과 그 수하 조선공산당 조직책 김삼룡 등의 영향으로 좌익들이 많았다. 서울 수복이 되었음에도 퇴각을 하면서 인민군 잔당들과 좌익들이 죽창을 들고서 '묻지 마 살해'를 저질렀다.

염산교회

좌파적 이념의 노예들은 신자와 교회를 파괴하고 죽이는 것에 대해 희열을 느끼는 사람들이다. 인민군과 좌익 잔당들은 국군 환영행사에 나선 기독교인들에게 학살을 자행했다.

정문성과 일가족, 영수 김성종과 조양현 일가족, 집사 최판섭과 일가족 등 교인 65명이었다. 주민 80여 명도 희생됐다. 염산교회 신도들에 대해서는 간척지 수문에 돌을 매달아 죽이기도 했다.

염산교회와 야월교회 교인들이 수장되는 모습

인민군 잔당들과 자생적 공산당 좌익들은 무자비한 사람들이었다. 이념 앞에 생명은 파리 목숨과 같았다. 그들은 피를 맛보아야 직성이 풀리거나 희열을 느끼는 사람들이었다. 사단의 영이 온몸과 마음을 지배했기 때문이다.

염산교회 77인의 순교자 전시

좌익들은 갯벌과 산에 구덩이를 파서 신도들을 죽였다. 야월교회에서 6㎞ 떨어진 염산교회 교인 77명에게는 돌

좌익들의 죽창찌르기

을 목에 매달아 수장시켰다.

6.25전쟁을 겪으면서 받은 국민 전체의 손실과 참화는 말로 다할 수 없지만 특히 기독교회가 받은 참상은 이루 말할 수 없다. 교회는 약 800개 이상이 소실되었다. 성자 손양원 목사와 저명한 부흥강사 김익두 목사의 순교, 구세군 노영수, 감리교의 송정근, 1930년대 농촌사업의 기수였던 조민형과 3.1운동 33인 중 한 사람이었던 신석구, 장로교의 박경구, 정일선의 순교, 그리고 남궁혁, 양주삼, 송창근, 박현명 목사들과 신학자 등 많은 수의 인사들이 납치되어 행방조차 알 길이 없다.

손실된 교회의 수는 남한에서만 장로교 514교회, 감리교 239교회, 성결교 106교회, 그리고 구세군 4영문, 기타 교파에서도 그 손해는 막심하였다. 순교, 납치당한 교역자는 장로교에 177명, 감리교 44명, 성결교에 11명, 성공회 6명이었다. 이외에 알려지지 않고 목숨을 잃거나 납북된 기독교 지도자들이 부지기수로 많다. 그들은 이름 없이 죽어갔다.

원산에서는 후퇴하던 인민군이 기독교인과 지식인 500여 명을 방공호에 몰아 넣어 산 채로 흙을 덮어 죽인 일, 전북 옥구의 원당교회에서는 78명의 교인 중 75명이 학살당하고, 전남 영광의 염산교회 김방호 목사 가족은 8명 중 7명이 동시에 총살당하고, 그 교인 77명이 함께 순교당한 일, 야월교회 69명이 모두 순교당한 사건 등, 좌익들과 공산당에 의한 기독교의 피해는 말로 다할 수 없다.

기독교인들과 좌익들 간의 관계는 기본적으로 유신론과 유물론의 차이이므로 물과 기름의 관계이다.

그러나 기독교도들은 죽어서도 말한다. 영원히 죽지 않는 곳에 갔기 때문이다. 좌익과 인민군들은 사람을 죽이고 교회를 파괴하는데 희열을 느끼지만, 예수의 영을 가진 사람들은 교회와 사람의 생명을 살리는 데 앞장을 서는 사람들이다. 기독교는 피와 눈물의 역사를 살리는 역사로 만드는 종교이다.

아무리 좌익들과 공산주의자들이 기독교를 핍박하고 박해해도, 유물론자들은 유신론자들을 이길 수 없었다. 그들은 육을 죽일 수 있어도 영을 죽일 수 없기 때문이다.

4. 한국의 사회주의 역사

사회적 기독교와 공산주의 역시 한 끗 차이이다. 공산주의는 최근까지 독버섯처럼 뻗어 나갔다. 좌익이나 공산주의는 근원적인 면에서 별 차이가 없다.

기독교를 표방하는 일부 진보언론은 공산주의는 아니지만, 기독교의 본질을 훼파하고 적당하게 기독교를 표방하면서 이면에는 기독교 사회주의적인 색채를 띠면서 대형교회 파괴운동을 하고 있다. 교회파괴운동은 유물론을 토대로 하는 막스레닌주의의 공산주의나 사회주의의 전유물이다.

최근에 기독교 사회주의자들이 들어간 곳마다 기독교를 파괴하는 데 앞장을 서고 있다. 그러면서 그것이 개혁이고 진보라고 말을 한다. 막스도 당시 "노동자여 일어나라"라며 개혁과 진보를 동시에 외쳤다. 기독교 사회주의와 공산주의의 공통점은 윤리적 약점을 명분으로 기독교와 교회의 본질을 파괴하는 데 앞장을 서고 있다는 점이다.

1919년부터 시작된 공산주의는 1920년에 한반도에 상륙하여 일제치하

지식인들의 관심을 갖게 되었다. 상해 임시정부 국무총리인 이동휘는 1919년 고려공산당을 창설했고, 여운형은 1945년 조선건국준비위원회를 창설했다.

박헌영은 1945년 이후 해방 정국에는 조선공산당을 재건한 뒤 건국준비위원회, 민주주의 민족전선 등에서 좌파 정치인으로 활동하다가 미 군정의 탄압을 피해 1948년에 월북했으며, 같은 해 4월에 열린 남북협상에 참여하였으나 남한으로 내려오지 않았다.

이후 1948년 9월 조선민주주의인민공화국 정부 수립 뒤에는 부수상 겸 외무장관 등을 지내며 남침하는 데 앞장을 섰다. 2백만 명 이상이 죽어갔다. 이처럼 이념은 사람을 죽이는 데 앞장을 서고 있다.

한국의 공산주의는 1919년부터 이동휘에 의하여 시작된다. 1945년 해방 이후에는 이미 1919년부터 공산주의 사상에 발을 담갔던 여운형, 박헌영 등이 러시아에서 공산주의를 배워 건국준비위원회를 세워 좌익활동을 하게 되었고 최근에는 사노맹(남한사회주의 노동자연맹)에서 활동하거나 주사파에서 활동했던 사람들이 정치계에 입성하게 되어 좌익의 논란은 끊이지 않고 있다.

사노맹은 1988년 4월 1일 백태웅, 시인 박노해를 비롯한 약 200여 명이 출범준비위를 구성한 것에서 시작하여, 1989년 11월 12일 정식으로 결성된 단체이다. 사노맹의 주요 이념은 반제국주의, 반파쇼와 민족해방이며 목적은 폭력, 소요 사태를 일으켜 노태우 정부를 타도한 후 대한민국을 사회주의 국가로 만드는 것이었다. 국가안전기획부에 의하여 1991년 4월 29일 해산되었으며, 대법원판결에 따라 반국가단체로 확정되었다.

주사파는 김일성의 소위 주체사상을 지도이념과 행동지침을 내세웠던 단체로서, 북한의 남한혁명노선이라고 하는 민족해방 민중민주주의 혁명론을 추종하여 민족해방(national liberation)을 강조하였기 때문에 NL파라고도 불렸다. 민족해방, 즉 통일을 지향하면서 당시 정통성을 인정받지 못했던 제5공화국 정부를 타도하는 데 앞장섬으로써 많은 학생들의 호응을 받아 그 세력이 한때 크게 확장되었다.

그러나 지나치게 북한의 노선에 치중, 동조하여 우리나라가 반봉건사회이며 미제국주의의 식민지라고 주장하는 등의 현실 인식은 일반 학생들의 견해와는 동떨어진 것이었다. 더구나 1986년 10월 건국대학에서 무리하게 애국학생 민족해방 투쟁총연맹(약칭:애학투련)을 결성하려다가 대규모 공권력의 투입에 의해 좌절됨으로써 조직이 상당한 타격을 받았다.

이처럼 주사파나 사노맹에 투쟁을 하였던 많은 사람들이 정치에 입성함으로 청와대의 정체성과 이념 문제가 끊이지 않았고 특히 기독교에 대해서는 존중보다는 폄하 쪽으로 몰고가 한국교회로부터 반발을 사기도 하였다.

일부 정치인들은 주사파나 막스레닌주의, 사노맹은 한때 젊었을 때의 행동이고 지금은 민주주의자로서 살아가고 있다고 말하고 있지만 여전히 한국 사회는 이념논쟁의 한 가운데 있다. 한국은 1918년부터 사회주의를 지지하는 영이 들어와 민주화를 외치는 많은 학생들이 독재정권을 타도하기 위하여 주사파에 가담하거나 막스레닌주의를 도구로써 이용하였다. 한때 이동휘 같은 상해 임시정부 사람들이 항일운동을 위해 공산주의를 끌어들인 것과 맥락을 같이 한다.

한인사회당으로 시작한 공산주의는 해방정국 때 여운형이 주도한 건국준비위원회, 박헌영의 남로당으로 발전하게 되었고, 1950년이 되어서 북조선 공산당을 세운 김일성이 남침하게 되어 무수히 많은 사람을 살상했다. 결국 사회주의의의 영은 겉으로는 토지의 무상분배, 공통분배를 앞세우지만 그 이면은 인간의 살상으로 가고 있다. 분단 이후에 민주정권에서도 공산주의 활동은 계속되었다. 민주주의 국가 이면에 사회주의의 영이 흐르고 있었다.

이념의 영과 사단의 영

손양원 목사의 아들은 해방정국시대 좌익계 학생들에 의해 죽임을 당했다. 공산주의자들이 청년들에게 완장을 채워주니 그들은 죽창을 들고 목회자, 지주, 경찰, 군인들을 학살했다. 심지어 여중생들에게도 완장을 채워주고 죽창을 들게 했다. 이것은 하나님 나라가 아니라 사단의 나라였다. 여순사건 역시 좌익에 물든 14연대가 반란을 하지 않았더라면 민중의 참극은 없었을 것이다. 불행하게도 여순사건은 좌익이라는 가라지를 뽑다가 민중이라는 알곡까지 뽑게 된 사건이다. 너무나도 많은 민중이 군경에 의해 희생되었기 때문이다. 좌익들에게 밥을 한 끼 해준 것도 좌익으로 매도되었다. 사단의 영은 우익을 통해 살상을 자행했다.

제주의 4.3 사건, 노근리나 거창 양민학살도 마찬가지다. 죄 없는 시골 사람들이 좌익의 이름으로 죽어갔다. 서북청년단들에 사단의 영이 임하니 모든 사람이 좌익으로 보여 좌익을 척결한다고 하면서 집단학살을 하거나 정치테러를 자행하기도 했다.

이처럼 좌우익을 떠나 이념을 통한 사단의 영이 들어오니 한민족을 집단학살하였다. 이러한 집단학살극은 광주민중항쟁에서도 잘 나타난다. 안재선에게 임한 사단의 영이 손양원 목사의 두 아들을 살해하였고 이 영은 군부독재의 뒤에 숨어서 죄 없는 민중들을 살해하기도 하였다.

이념의 영, 교리의 영, 군부독재의 영은 좌우

서북청년단

익 할 것 없이 모두 죽이는 영이다. 내 이념이 최고이고, 내 신학이 최고이고, 내 힘이 최고이기 때문에 상대편은 모두 적이었다. 그러므로 예수의 이름으로, 민중의 이름으로, 군부의 이름으로 상대편을 죽여야 했다. 그것이 지금까지 한반도 한가운데를 흐르는 죽음의 영으로 운동하고 있다. 이러한 영은 선교사들을 통해 살리는 영과는 전혀 다른 죽음의 영들이었다.

교리의 영(이단 감별사)은 기독교를 통하여, 이념의 영은 공산주의를 통하여, 군부의 영은 파쇼를 통하여 상대편을 죽이는 영이었다. 국내외를 초월하여 지배자들에 의하여 힘없는 민중들이 이념의 이름으로 한없이 죽어갔다.

손양원 목사의 두 아들은 순천경찰서 앞에서 또래 청년들에게 끌려가

순천경찰서

몽둥이와 총자루로 무수히 맞은 뒤 총살을 당했다. 완장을 찬 청년들은 공산주의 사상에 빠진 좌익 청년들이었다. 좌익 청년들은 동인과 동신, 두 아들에게 '미제의 앞잡이'라는 죄목을 붙여 순천경찰서 앞에서 처형했다. 이념의 영은 좌우익 할 것 없이 사람을 학살하는 영이다.

제12장
유림의 마을, 나주

제12장

유림의 마을, 나주

1. 나주의 역사적 배경

전라남도에서 '라'는 나주에서 따온 말이다. 그만큼 나주는 전라남도에서 중요한 위치를 차지하고 있다. 이러한 나주는 곧 역사의 땅이기도 하다. 나주라는 명칭은 이미 고려시대 때부터 나왔고, 고종 32년에는 나주군수를 두고 나주 관찰부를 설치하였다. 1912년에는 나주와 나신을 병합하여 나주면이 되었다. 1981년에는 나주읍, 영산포읍이 금성시로 승격하여 나주군에서 분리되었다. 1986년에 금성시를 나주시로 명칭을 변경하였다. 그만큼 나주라는 명칭은 역사적으로 오래된 명칭이다.

1896년 전라남도가 설치되었을 때, 관찰부는 나주가 아닌 광주가 되었다. 나주는 의병활동과 외세의 침략에 대한 저항의 중심지였다. 나주지역 민들을 자극한 것은 1897년 목포 개항 이후 영산포를 중심으로 일본사람들이 동양척식회사를 통하여 헐값으로 땅을 싸게 사들인 것 때문이었다. 이것이 궁삼면 토지회수투쟁이었다.

나주는 선천적으로 항일의식이 있었고 저항정신이 남달랐다. 나주는 을사조약 이후에 각 지역에서 의병이 일어났을 때, 나주의 유생들과 평민

궁삼면 토지회수투쟁 기념비

들은 의병전에 적극 참여하기도 하였다. 보수적 민족운동을 하는 지역이었다.

나주는 선사 시대 때부터 사람이 살기 시작했고, 통일신라 시대는 장보고의 해상세력과 연결이 되었고, 고려 시대는 왕건과 연결되어 고려창건에 중요한 역할을 하였다. 고려 시대의 나주는 나주목으로 전남지역의 중심지로서 역할을 하였다. 조선 시대의 나주는 사족 세력의 활동이 비교적 활발했고, 다수의 서원, 향약과 동약의 실시 등 유림의 문화가 발달한 곳이었다.

조선 시대 때부터 유학이 발달한 연고로 임진왜란 때는 나주향교에서 최초의 의병을 조직한 곳이기도 하다. 나주향교는 사적 제483호로 1896년 을미의병기 이학상을 중심으로 나주 의병을 결성한 장소이기도 하다. 나주 의병은 장성에서 의병을 일으킨 기우만의 격문이 전달되자 나주의 유림들과 향리들이 나주향교에 모여 이학상을 의병장으로 추대하고 의병을 일으켰다.

나주향교

　그리고 장성의병이 나주의병과 연합하여 광주로 진출하여 북상을 준비하다 선유사가 내려와 왕명으로 해산을 종용하자, 결국 해산하였다. 그만큼 나주는 유림들의 영향력이 컸던 장소이다. 이러한 강력한 유림의 영향은 유진벨이 나주선교부(스테이션)를 설치하는 데 방해가 되었다. 유림이 유진벨을 막았다.

나주향교(사진제공 문화재청)

나주는 동학농민군이 봉기하였을 때 호남보수세력의 근거지가 되어 호남농민군에게 끝내 성을 내주지 않았고, 그 결과 초토영이 설치되기도 하였을 정도이다. 1894년 동학농민이 무장에서 봉기한 이후 전라도 전역은 동학농민이 지배했지만 나주는 고흥처럼 동학세력이 미미했다. 전라도 각 군현에는 동학교도들의 집강소가 설치되어 사실상 농민자치를 실행하였고, 군현의 수령들도 대부분 집강소와 협력관계를 맺고 있었지만 나주는 동학세력과 협력관계를 맺고 있지 않았다.

나주는 민종렬 목사를 중심으로 나주성을 지켜냈고, 조정에서는 나주에 초토영을 설치하였고, 초토영에서 일본군과 경군이 지배하면서 동학군을 진압하였다. 나주 초토영에서 동학군이 230여 명이나 처형되었다. 훗날 나주 수성군은 조정으로부터 동학군을 물리쳤다는 이유로 큰 포상을 받게 된다.

동학을 물리쳤던 나주성

나주는 고흥처럼 유림과 향리들이 중심이 되어 동학농민을 막아낸 곳이기도 하다. 나주의 보수성은 단발령이 내려졌을 때인 1896년 초에 나주 유생들과 향리들은 장성의 유학자 송사 기우만을 중심으로 단발령에 항의하는 의병을 일으키기도 했다.

그러자 개화파 정부에서 관군을 전주로 파병하자 나주 유생들은 자진해서 해산하였고, 전주에서 온 진위대는 자주성을 접수하고, 김창곤과 해남군수 정석진을 체포하여 처단하기도 하였다.

나주의 유림과 향리들은 정치적으로 큰 타격을 받았고, 나주의 정치적 위상도 약해졌다. 그해 6월 정부는 나주 관찰부를 폐지하고 이를 광주로 옮겼다. 그래서 전라남도 도청소재지는 나주가 아니라 광주가 되었다. 나주의 보수성이 도청소재지를 광주에 넘겨주고 말았다.

나주는 1920년대 들어서 나주의 진보적 지식층이 중심이 되어 청년운동, 노동운동, 신간회운동을 전개하여 대중들의 봉건적 의식을 타파하고, 민족의식을 고취시키는 계몽운동을 중심으로 전개된 곳이기도 했다. 이러한 배경이 훗날 1929년 11월 3일 학생 독립운동에 실질적인 발상지가 되었다.

3.1운동 이후 전국 각지에서 청년운동과 노동운동과 같은 사회운동이 일어났을 때 나주에서도 청년들이 적극적으로 참여하기도 하였다. 신간회운동 때도 나주지역에 신간회 나주지부를 설치하였을 정도로 나주는 반외세에 적극적으로 항거한 지역이기도 했다. 이처럼 나주지역의 항일운동은 학생들의 의식에도 영향을 미쳐, 1929년 한인 학생들 간의 나주역 충돌사건이 발생하기도 했다.

2. 나주의 학생운동

  나주는 1929년 11월 3일 광주학생의거의 진원지이기도 하다. 1913년 7월 1일 호남선이 개통되면서 설치된 나주역을 이용하여 1929년 10월 30일 광주로 통학하던 한국 학생과 일본 학생들 사이에 충돌이 발생하였는데 이는 나주지역의 독립운동으로 확산되었다. 당시 사건을 기념하기 위해 2008년 7월 나주학생독립운동기념관이 건립되었고, 2011년 9월 보훈기관에 등록되었다.

나주독립운동기념관

  이 사건의 발단은 광주에서 출발한 기차가 나주역에 도착하자 열차에서 내린 일본 학생이 한국 여학생(박기옥)의 댕기를 당기며 희롱하면서 발생했다. 이를 두고 여학생의 사촌 동생인 박준채라는 학생이 일본 학생을 나무라자, 일본 학생이 '조센징'이라고 멸시하는 발언을 했다.

  이에 박준채 학생이 격분하여 주먹으로 일본 학생을 때리자 큰 싸움으로 번지게 되었다. 이 사건으로 대규모 항일 시위가 일어나게 되었고,

그해 11월 3일 독립운동으로 확산되었다.

이 사건을 계기로 광주는 물론 전국 194개 학교에서 5만 4천여 명이 시위나 동맹휴교에 나서는 등 전국적인 독립운동이 전개됐고, 박기옥은 이듬해 1월 시험거부 백지동맹 등 학내 항일시위에 참여했다가 퇴학을 당했다. 1929년 10월 30일 나주의 댕기머리 사건은 1929년 11월 3일 광주 학생독립운동으로 이어졌다.

2019년 국가보훈처는 1929년 광주 학생독립운동의 시작을 알렸던 댕기머리 여학생 박기옥(1913년~1947년)을 제74주년 광복절을 맞아 독립유공자로 포

댕기를 잡는 일본 학생, 출처, 나주독립운동기념관

그래서 당시에 박준채 선생님께서 얼굴을 때렸다라고 기록이 남아 있고요

일본인 학생을 때리는 박준채 학생

1929 1930
11·3학생독립운동
1929~1930 Period of November 3rd Student Independence Movement

나주독립운동기념관

나주에서 광주까지 통학하는 학생들　　열차안에서 싸우는 일본과 한국학생들

상했다. 박기옥에 대한 포상은 포상기준 개선에 따라 학적부 등에서 퇴학을 받은 사실이 확인돼 이루어졌다.

박기옥이 희롱을 당한 데 격분해 일본 학생들을 응징한 사촌 동생 박준채는 1990년 애족장을 받았다.

박기옥의 사촌 동생
박준채 학생

박기옥과 박준채

대통령 표창장

당시 많은 학생이 일본 경찰에 체포되어 고초를 겪었다. 나주학생독립운동은 3.1 만세운동, 6.10 만세운동과 함께 일제강점기 때 일어난 3대 독립운동의 하나로 평가받는다. 이외에도 나주는 학생들의 만세 시위사건, 농민들의 농민조합사건, 궁삼면 토지회수투쟁 등이 끈질기게 벌어져 나주

는 반제국주의, 반기득권자, 반독재를 표방하는 민족운동의 산실이었다.

나주는 인근 광주의 위세에 눌려 대도시로 성장할 수 있는 기회를 상실했지만, 소도시로서 1980년 5월 17일 민중항쟁이 일어났을 때, 나주시민들도 적극 호응하여 민주화운동에 앞장섰다.

1930년대 나주는 보수적인 전통사상에서 벗어나 신문명을 수용하면서 민족운동, 사회운동, 독서회, 야학, 청년회 활동이 가능했던 것은 기독교의 영향으로 신교육을 받은 계층이 늘어났기 때문이다.

나주에 복음을 전하기 위해 첫발을 내디딘 사람은 1897년 봄 유진벨(Eugen Bell)과 해리슨(W.B. Harrison) 선교사였다. 당시는 대외적으로는 청일전쟁(1884~1895)이 끝나고, 대내적으로는 동학혁명(1884~1885)이 끝났을 때였다. 전국에는 최근의 코로나처럼 콜레라가 발생하여 수많은 사람이 죽어갔을 때였다.

콜레라 검역시스템

콜레라가 첫 번째 한국에 들어왔을 때는 순조 때 1821년이었다.

"이름도 모를 괴질이 서쪽 변방에서 발생하여 도성에 번지고 여러 도에 만연하였다. 경각간에 10명 중 한두 사람도 살지 못하였다. 서울과 지방의 사망자까지 합하면 모두 수십 만여 명이나 되었다."

3. 나주의 교회들

　동학혁명이 끝났을 당시에 유진벨과 의료선교사 해리슨은 콜레라 예방과 퇴치에 많은 힘을 기울여 전도 효과를 얻게 되었다. 그래서 고종황제로부터 감사패를 받기도 하였다. 이러한 이유로 유진벨과 해리슨은 1897년 목포에서 영산강을 따라 내륙으로 들어와 나주 영산포에 닿은 뒤 나주성 안에 초가집을 구입해 전도에 나선다.

　그들은 선교부를 만들기 위해 성문밖에 넓은 대지를 확보해서 선교하려고 했으나 보수적인 유생들의 반대로 인해 뜻을 이루지 못하고, 자신의 조선어 교사였던 이문오에게 나주지방 선교를 맡기고 목포로 돌아간다.

　그 이후 1903년이 되어서야 김치묵이라는 사람에 의하여 광암교회가 세워진다. 김치묵은 유진벨 및 그를 따라다니는 조사라든가, 나주에 남았던 어학교사였던 이문오나 김윤환 등에게 전도를 받았을 것으로 추정된다. 김치묵의 아들 김재섭은 훗날 숭실대 영문과를 졸업하고 광주 수피아여고에서 교편을 잡게 되었다.

광암교회

광암교회에서 봉사한 김추련의 시어머니(은퇴권사인)의 동생이 목포 정명학교출신인 문학가 박화성이다. 박화성은 신여성으로서 당시 「한귀(旱鬼)」, 「하

광암교회 구교회

수도 공사」라는 소설을 썼는데 당시의 배경이 광암교회였다.

유진벨 선교사는 1908년 10월 10일 선교사 오웬과 조사들과 함께 서문정에 예배당을 개척하고 서문정교회라 칭하였다.

처음에는 유진벨 선교사와 변창연 조사가 시무하게 되었다. 1915년 3월 20일 목조로 예배당 18평을 신축하여 정식으로 교회를 창립하고 나주북문교회로 정하였다. 이후 나주교회로 명칭을 변경하게 되었다.

나주교회

나주교회는 1951년 분립되어 남문교회를 세우게 되는데 남문교회는 후에 나주제일교회가 되었다. 이외에도 미국 남장로교 선교부 소속 유진벨, 하위렴, 마서규, 오웬 선교사는 나주군 지량(현, 나주시 용산동)에 초가집 한 채를 구입하여 1908년 12월 17일 조선 야소교 내산리교회(현, 영산포중앙교회)를 설립했다. 영산포교회는 영산포중앙교회와 분리된다.

영산포교회(합동교단 소속)

영산포중앙교회(통합교단 소속)

서울 화곡동에서 '치유하는교회'를 담임하고 있는 김의식 목사가 영산
포중앙교회 출신이다. 유진벨과 오웬 선교사가 뿌린 전도의 씨앗이 한 청
년에게 흘러들어가 현재 출석 5,000여 명의 교회를 담임하고 있다. 나주
에 뿌려진 유진벨과 오웬의 복음이 화곡동에서도 열매를 맺고 있다.

치유하는교회

　이처럼 선교사들이 세운 교회는 지역의 교육과 신문화 활동에 영향력
을 행사하여 훗날 나주 사람들이 근대화를 의식하고 신교육으로 인해 항
일운동을 하는데 산파 역할을 했다.

제13장
민주항쟁의 마을, 광주

제13장

민주항쟁의 마을, 광주

1. 유진벨과 오웬의 사역

전남에 위치한 광주는 '빛의 고을'이라는 뜻을 가졌다. 광주라는 명칭은 고려 태조 23년(940)에 처음으로 쓰였고, 고려말 삼은의 한 사람인 목은 이색이 「석서정기」에서 '光之州'라고 하여 빛의 고을로 해석하고 있다.

광주 사람들은 빛 가운데 살아가는 사람들이다. 남장로교 선교사 유진벨이 오면서 광주는 진정한 복음의 빛으로 물들기 시작했다.

유진벨이 없이는 남도선교를 생각할 수 없을 정도로 그는 선교의 열정 메이커였다. 그는 1897년에 목포선교부를 만들어 영흥학교, 정명여학교, 목포진료소를 설립하고, 인근지역을 선교하였다. 1904년 12월 20일에는 광주에 와서 광주선교부를 설립하여 교회와 광주진료소를 개소하고, 1906년 숭일중학교와 수피아여고를 세웠다.

교회설립

광주북문안교회

　유진벨은 목포처럼 광주선교부
를 만들어 먼저 교회를 설립하였
다. 광주의 4대문 안에 예배당 지
을만한 장소를 물색하던 중 교인들이 정부로부터 예배당 신축 부지를 빌
려 40달러의 건축헌금을 모았고, 선교사들도 80달러를 헌금하여, 1906년 6
월 북문 안에 50평의 'ㄱ'자 예배당을 건축하였다. 이것이 광주에 지어진
최초의 북문안교회였다. 북문안교회는 1919년에 금정교회로 개명하였다.

광주북문밖교회

　북문안교회를 남문 밖으로
옮기자 북문 밖의 교인들이 정
반대 쪽에 있는 남문 밖까지
밤 예배를 드리러 가는 것은
무리였다. 북문안교회는 북문
밖 교인들을 위해 1917년부터
북문 밖에 초가집을 구입해
기도처로 사용하고 있었다. 이에 금정에 있는 북문안교회는 제6회 전남
노회의 허락을 받아 1920년 9월 4일 '북문밖교회'를 분립하였다.

양림교회

　김창국 목사가 당회장으로 부임한 1922년의 금정 북문안교회는 여전히
북문 밖 교인들을 내보낸 '분립 분위기'가 가라앉지 않은 상태였다. 그런

데 부임 2년만인 1924년 '양림 구역'에 사는 교우들이 '양림 교회' 분립을 요구하게 되었다. 북문안교회는 북문밖교회 (1920)를 분립하고 양림교회 (1924)까지 분립하였다. 북문밖 교회는 광주제일교회가 되었다.

양림교회(예장통합,1924년 설립)

밤에 교회 가는 길이 너무 멀 었고, 홍수가 나서 광주천이 범 람하면 교회 가기가 쉽지 않았 기 때문이다. 양림정(楊林町)에 는 제중병원 직원, 숭일학교 학 생과 직원, 수피아여학교 학생 과 직원, 이일학교 학생과 직원 등이 있어서 금정교회 교인 500

광주제일교회(1920년)

여 명 중 300명 정도가 양림정에게 살고 있었기 때문에 양림교회의 설립 은 불가피했다.

양림교회는 다시 셋으로 나뉘어져 통합, 합동, 기장의 양림교회가 있다. 초기 한국교회는 배움의 기회가 없었던 사람들에게 성경과 한글, 그리고 산술 등을 가르쳐 문맹 퇴치를 하기도 하였다. 여름성경학교 때에는 성경 공부뿐만 아니라 문맹 퇴치를 위하여 노력하였다. 특히 돈이 없어서 교육 을 받지 못하던 아이들이 문맹에서 벗어날 수 있었다. 이들이 훗날 항일의식과 반독재의식을 갖게 되었다.

숭일학교

광주에는 유진벨에 의
하여 1908년에 수피아여
고와 숭일학교가 설립되
어 광주의 항일의식을 움
트게 한 근대 교육의 전
당이 되었다. 두 학교는
기독교 신앙에 입각한 항
일의식이 충실하여 교사

숭일학교

와 학생들 수십 명이 체포되어 구속되는 사태로까지 발전하였다. 숭일학
교 학생들은 광주 YMCA 조직과 전개에 주도적으로 활동하며 민족운동
과 농촌계몽운동에 앞장서기도 하였다.

수피아여고

수피아여고

1908년 프레스톤 (John F.Pre-
ston, 변요한)의 사랑채에서 시
작된 수피아 여고는 1919년 3월
10일 수피아홀에서 비밀리에
치마를 뜯어 태극기를 만들어

광주의 장날에 독립만세를 외치기도 하였다. 왜경들은 교사와 학생들 23명을 구속하였다.

유진벨의 4대째 선교

유진벨은 목포에서 했던 방식 그대로 광주에 재현시켰다. 그는 광주, 전남 지역의 선교의 아버지였고, 유진벨을 말하지 않고서는 광주 선교와 전남 선교를 말할 수 없을 정도로 그는 호남선교의 대부였다. 현재까지 4대째 한국에서 선교를 하고 있다.

그의 자손들은 한남대학교를 세우기도 하고, 북한에 결핵병원을 세우기도 하였다. 유진벨 딸의 가계로서 인돈, 인휴, 인세반이 그 뒤를 잇고 있다.

4대째 이어지는 한국사랑

유진벨 가족

인돈   인휴   인세반

유진벨의 사위 인돈(William A. Linton, 1891-1960)은 전주 기전여고, 전주 신흥고등학교의 교장을 역임했고, 한남대학의 전신인 대전대학을 설립하기도 하였다.

인돈   인휴   인세반

    인돈의 세째 아들인 인휴(Hugh M.Linton, 1926-1984)는 미국에서 태어났지만 한국으로 돌아와 검정고무신을 신고 전라남도 섬지방과 벽지를 돌아다니며 200여 곳이 넘는 교회를 개척하였다. 그는 1960년대 순천에서 홍수가 발생하여 결핵이 유행하자 결핵병원을 세우기도 했다.

    인휴의 둘째 아들 인세반(Stephen W. Linton)은 1995년 유진벨재단을 설립하여 현재 재단이사장을 맡고 있으며, 북한에 결핵 환자들을 돕는 일에 앞장서고 있다.

    유진벨은 이 땅을 영원히 떠났어도 그가 남긴 선교의 씨앗은 후손들과 한국교인들을 통하여 여전히 열매맺고 있다. 그는 남도의 행전을 써내려간 사람이다. 호남사역은 유진벨의 행전이라고 말

유진벨의 무덤

해도 과언이 아니다. 그가 설립한 교회만도 20개가 넘었다. 유진벨은 떠났어도 그의 자손들을 통하여 죽어서도 말하고 있었다. 그는 호남신학대학교 동산 위에 안장되어 있다.

그의 약력과 이력은 다음과 같다.

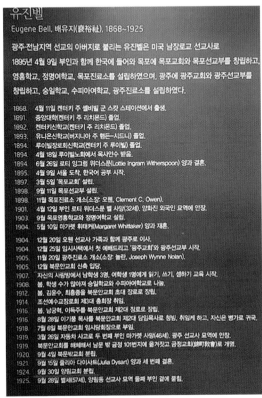

출처, 유진벨기념관

2. 광주 제중원과 윌슨 선교사

1905년 유진벨 선교사의 사택이 새로 마련되자, 지금까지 사용했던 임시 사택은 놀란(Dr. J. W. Nolan, 노라노)선교사와 9명에 의하여 의료활동을 시 작하는 공간이 되었다. 이것이 광주진료소의 시발점이 되었다.

광주진료소는 조셉 놀란이 초
대원장으로 취임하였고, 하루
에 2,000여 명 이상 진료하는 광
주 제중병원으로 시작되었다.
광주 제중병원은 나병원, 결핵
병원으로서 자리매김하여 많은
환자가 몰려왔다.

광주 제중원

훗날 광주기독병원으로 발전되었다. 초창기의 의료장비는 다음과 같다.

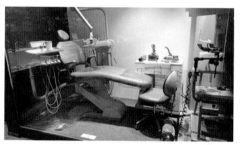

광주기독병원박물관

진료기와 혈압계

이는 광주 최초의 근대병원이었다. 이처럼 광주의 근대병원은 선교사
들에 의하여 시작되었다. 선교사들의 의료의 빛이 빛고을로 만들어 가고

있었다. 당시 환자들은 무당
이나 한방 체계에 익숙했지
만, 한방의 침만 갖고서는 지
혈이나 수술, 나환자를 치료
하기에는 역부족이었다. 많은
부분에 있어서 수술이 필요했
다. 서양 의사들은 병을 치료

수술실의 윌슨(1910년대)

하기 위하여 해부학적인 기술을 갖고 근원적인 질병을 치료했다.

제중원은 나환자들도 치료하여 그들이 목수라는 직업을 갖고 일을 할
수 있도록 발판을 마련해 주었다.

광주 기독병원의 초대원장
은 한국 이름으로 놀란(노라
노)이었고, 2년 후 2대 원장으
로서 윌슨(우월순)이 맡았다.
윌슨은 1908년 2월 의료선교
사로 도착하여 사역을 시작했
고, 그는 포사이트의 나병 환

나환자 목수들

자치료를 이유로 1912년 나환자 병원을 개설하게 되었다. 또한, 결핵병동
까지 마련해 결핵 환자들을 치료해주었다. 윌슨은 한국의 슈바이처였다.
1913년에는 나병 집단 거주지가 신축되었고, 1919년에는 나병 환자들을
위한 초등학교가 설립되었다.

광주 제중원은 1910~1923년까지 106,444명을 진료하였다. 수술환자는
3,159명이었다. 이처럼 예수의 영이 들어간 선교사들은 10만 명 이상을 살

렸다. 이념의
영이 들어간 사
람들과 달랐다.
예수의 영은 거
룩한 하나님의
영이었기 때문
이다. 교리의

(윌슨의 조수들: 최흥종, 홍주, 최영욱, 마태, 창동, 최경동, 박집사, 황상호)

■ 윌슨 원장의 광주제중원 진료 실적

연도	외래환자(명)	입원환자(명)	수술(건)
1910	9,900		175
1911	10,000		190
1916	12,668	777	400
1917	11,544	557	307
1918	10,306	555	290
1920	6,858	1,064	555
1921	12,878	698	473
1922	15,323	821	450
1923	16,947	617	319

(윌슨 선교사의 보고서들에서 발췌)

광주 기독병원박물관

영, 이념의 영, 군부독재의 죽이는 영과는 달랐다.

광주 제중원은 치료뿐만아니
라 성경공부도 가르쳤고 직업
전문교육을 시켜 결혼하고 가
정을 이루고 살 수 있도록 하기
도 했다. 윌슨이 여수로 내려가
애양원 병원사역을 하자, 광주
제중원은 부란도(Louis C,
Brand)를 이어 순천선교부의 개
척자 프레스톤의 아들 프레스
톤(John F.Preston, Jr)이 그 뒤를
계속 이어 나갔다.

윌슨 선교사는 애양원의 초
대 원장을 맡아 한국의 나병 환
자들의 아버지가 되었을 정도
로 한국의 나병 치료에 많은

광주기독병원에서 헌신한 장기사역 선교사

광주 기독병원박물관

공헌을 했다. 변요한 2세는 순천 선교지를 개척한 프레스톤의 아들로서 부자가 의료선교로 한국에 공헌하였다.

3. 셰핑 선교사의 사역

이 병원에서 영양 실조로 숨질 때까지 간호사로서 일한 셰 핑은 독일 출신 미 국인으로서 한국의 나이팅게일이었다.

그녀는 1880년 태 어나 1934년 세상을

셰핑과 조사

떠난 독일계 미국인 간호선교사다. 본명은 엘리자베스 셰핑((Elisabeth J. Shepping, 1880~1934, 서서평)이다. 엘리자베스는 외할머니에게, 셰핑은 어 머니에게 물려받았다.

독일 비스바덴에서 태어난 그는 외할머니가 세상을 떠나자 미국에 사 는 어머니를 찾아 미국으로 건너가 간호학을 전공했다. 카톨릭에서 개신 교로 개종한 그는 1912년 32살이 되던 해 미국 남장로교 해외선교부의 간 호선교사로 선발되어 한국과 인연을 맺었다.

셰핑은 카톨릭 미션 스쿨에서 중고등학교를 마치고, 성마가병원 간호 전문학교를 졸업한다. 뉴욕시립병원에서 실습하던 중, 동료 간호사를 따 라 장로교회 예배에 참석하고 개신교로 개종을 했다.

그러나 카톨릭교도인 그녀의 어머니는 그녀가 개신교로 개종을 했다고 해서 그녀를 집 밖으로 쫓아냈다. 그녀는 3세 때, 10대 때, 마지막으로 40대 때, 어머니에게 모두 세 차례에 걸쳐 버림당한다. 어린 시절이 불우했던 셰핑은 훗날 바람, 햇살, 숲과 함께 자랐다고 고백했다.

셰핑은 1904년 뉴욕 성서교사훈련학교(Bible Teacher Training School)의 여행자를 돕는 선교회(Traveler's Aid Missionary)에서 1년 동안 봉사하고 1911년 졸업 이후 동료 선교사에게 조선에 환자가 제대로 치료를 받지 못하고 길에 버려질 정도라서 의료 봉사가 절실하다는 말을 듣고, 한국선교를 지원한다. 1912년, 미국 남장로교 해외선교부 모집에 지원하여 간호선교사로 파송을 받았다.

그녀는 1912년에 한국에 도착해 광주 제중원에서 간호사로 일했다. 군산 예수병원, 서울 세브란스병원 간호학교를 거쳐 광주 제중병원(현재 기독병원) 간호부장으로 부임했다.

광주에 온 그는 우리말과 풍습을 익히면서 한국식 이름을 지었다. 원래 성격이 급했던 그는 매사를 서서히 해야겠다는 생각에 성을 서(徐)씨로 정하고 다시 그 뜻을 강조하려고 이름의 첫 자를 '천천히 할 서(舒)' 자를 넣었다.

그리고 다소 모난 성격을 고쳐보겠다는 바램을 담아 '평평할 평(平)' 자를 붙여 '서서평(徐舒平)'이라고 했는데 이는 그의 본이름인 셰핑의 발음을 살린 것이기도 했다.

이 이름은 최흥종 목사의 도움을 받은 것이다. 당시 광주병원의 원장은 윌슨 박사였다. 그녀는 한인들처럼 옥양목 저고리와 검정 통치마를 입었으며 고무신을 신고 된장국을 좋아했다. 철두철미한 한국의 풍속을 따라 한국인처럼 생활했다.

셰핑 영화의 한 장면

1912년부터 1934년까지 54세로 소천하기까지 22년 동안 광주, 제주도와 추자도 등에서 간호선교사로 활동하였다. 미혼모, 고아, 한센인, 노숙인 등 가난하고 병약한 많은 사람을 보살폈고, 그녀는 '나환자의 어머니'라 불릴 정도로 나환자들을 극진히 보살폈다. 특히 최흥종 목사가 설립한 나환자 수용소를 틈나는 대로 찾아가 환자들과 함께 지내면서 치료에 도움을 주었고, 당시 선교활동의 중요한 과제인 금주와 금연운동에도 적극적으로 참여했다.

뿐만 아니라 만주로 팔려가는 열아홉 살의 여성을 돈을 주고 구해내기도 했고, 홍등가에서 일하는 여성들의 빚을 갚아주고 새 삶을 찾게 했으며 이렇게 구해낸 여성들을 자신이 설립한 이일학교에서 공부시켜 자활의지를 심어주기도 했다. 그녀는 전천후 선교사였다.

광주 제중병원에서 일하는 동안 특별히 나환자와 걸인들을 돌보았으며 거리에서 나병 환자나 거지를 만나면 집까지 데려와 목욕을 시키고, 밥을 먹이고 자기 옷을 입혀 보냈다. 엄동설한에 나환자 두 사람이 거리에서 추위에 떨고 있는 것을 보고 집으로 달려가 하나밖에 없는 자신의 담요를 둘로 나눠줬다는 일화도 전해진다.

자신의 사비를 털어 언제나 굶주린 사람들에게 자신의 음식을 나눠줬고 교회와 학교 운영을 위해 자신의 월급 대부분을 지출했고, 고아들을 보살폈다. 우리말에 능숙했던 그녀는 간호 분야에도 뛰어난 업적을 남겼는데, 우리나라 최초 〈간호교과서〉, 〈실용간호학〉, 〈간호요강〉, 〈간이위생법〉등 4권과 〈간호사업사〉를 비롯한 많은 번역서를 책으로 냈다.

간호학 교재

1923년 조선간호협회(현 대한간호협회 전신)의 결성을 주도했고 초대 회장에 취임하여 만국간호협회(ICN)와 일본 적십자사 간호협회에 가입시켰다. 그녀의 사례금도 대부분을 빈민과 병자, 여성을 위해 사용했다. 입양하여 키운 고아가 14명, 오갈 곳 없는 과부를 가족처럼 품어 집에서 같이 지낸 사람이 38명이었다. 한국의 성녀 테레사였다.

결혼은 하지 않았지만, 많은 아이들을 입양하였다. 그녀는 최초로 여전도회를 만들어 여성들이 봉사하도록 하기도 했다. 또한, 여학생을 위해 세운 이일학교는 오늘날 한일장신의 전신이 되었다.

한일장신의 전신 이일학교

이처럼 셰핑은 유
진벨 처럼 학교를 세
워 후학들을 위해 노
력을 했고 근대 간호
학에 큰 공헌을 하였
다. 많은 한국의 간호
사들을 양성하였다.

집에 가면 입양한
아이들을 양성했고,
병원에 가면 한센병
환자들을 극진히 돌

한일장신대학교

보았고 학교에 가면 여학생들에게 간호학을 가르쳐 간호학의 기틀을 닦
았다. 이외에 광주 양림동에서는 여
성의 자립을 위해 양잠업을 지도하기
도 하였다. 그래서 뽕나무를 더 심고
시설을 세우기 위해 미국에 기금을
요청하기도 했을 정도이다.

제주에서는 여성의 자립을 위해 고
사리 채취를 돕기도 했고, 임종 때에

셰핑과 간호사들

는 자신의 시신을 세브란스병원에 의학용으로 기부하여 그는 살아서나
죽어서나 온전히 희생하였다. 광주시 최초로 시민사회장으로 지낸 셰핑
의 장례식에서 수많은 나환자와 걸인들이 뒤따르며 "어머니! 어머니!"를
외치며 애도했다.

광주는 셰핑이
사역할 당시 제
국주의의 영으로
인해 어두운 마
을이었다. 그러
나 유진벨, 셰핑
같은 귀한 선교
사들이 있었기

셰핑 무덤, 호남신학대학교 동산

때문에 복음의 빛으로 점점 밝아지고 있었다.

4. 광주 민주항쟁

5.18 광주 민주항쟁
운동은 역으로 말하면
신군부 입장에서는 동
족 살상 운동이었다.
직접 사망한 것이 193
명, 후유증으로 인한
사망자가 376명, 행방
불명자65명, 부상 3,139

희생된 광주시민들

명, 구속 및 고문 피해자 1,589명이었다.

삼국시대 통일신라도 당나라를 끌어들여 동족을 살상했고, 고려도 몽
골을 끌어들여 삼별초 항쟁 시 동족을 살상했고, 동학혁명 때도 일본과

청을 끌어들여 동학농민을 살상했고, 신군부 역시 공수부대를 끌어들여 광주시민을 학살했다.

삼국시대의 동족 살상 비극이 현대까지 이어진 것이다. 국가는 자신의 정적을 치기 위하여 외국군대도 과감하게 끌어들이는 죄악을 저질렀다. 신군부의 만행은 끝이 없었다.

한국판 킬링필드

1980년 5월 18일부터 10일간 광주는 한국판 킬링필드였다. 110년 전 광주에 들어온 미국 선교사들은 사회적으로 버림받은 나병 환자들도 한 명 한 명의 목숨을 귀히 여겼는데 광주 시민을 살상한 것은 다름 아닌 같은 동족이었다.

시민들은 공수부대에 의해서 무참하게 당했다.

군부는 진압을 위해 헬기를 동원하기까지 했다.

공수부대원들은 대검을 꽂고 사람을 찌르고 구타했다. 살인의 악령이 군부독재를 휩쓸어 신군부를 통하여 동족을 살상하게끔 했다.

제국주의의 악령이 민족을 살상하고, 이념의 악령은 동족을 200만 이상 살상하고, 독재 군부의 악령이 광주시민 수백 명을 학살하였다. 이처럼 악령이 제

포승줄에 묶인 광주시민들

국주의, 좌우익 이념주의, 군부 독재주의를 통하여 무고한 시민들을 무차별적으로 학살하였다. 그들이 시위한 것이 잘못되었다면 재판을 통하여 처벌해야지, 좌익도 아닌데 단지 민주화운동을 하였다고 사람을 살상하는 것은 있을 수 없는 일이다.

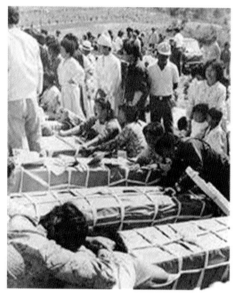

계엄군에 의해 희생된 광주시민들

광주시민을 구타하는 공수부대

아무것도 모른 채 아버지의 영정사진을 들고 있는 아이는 무슨 생각을 했을까? 이미 어른이 되었을 이 아이의 상처는 여전히 아물지 않았을 것이다.

아버지의 영정을 들고 있는 아이

한 사람의 권력 야욕 때문에 수많은 사람이 죽어야 하는 이유는 무엇인가? 신군부 속에 들어간 악령은 바리새인들에게 들어간 악령과 유사한 속성을 가졌다. 죄 없는 사람을 억지로 죄인으로 만들어 죽이는 것이다.

국민을 지켜야 할 군인들이 국민에게 총 들이댔고, 학생들의 목숨을 수호해야 할 해경들이 학생들 피신을 시키지 않고 배가 가라앉을 동안 손 놓고 바라보고만 있었다. 국민의 생명을 보존해야 할 군인과 경찰들이 국민의 생명을 담보로 자신들만의 안위를 추구하고 있었다.

사람을 살리는 기독교는 당시 광주 민주항쟁 시 피해를 최소화하기 위하여 타협을 추구하기도 하고, 무장해제를 요구하기도 하였다. 문용동 전도사는 충분히 살 수 있는 상황에서도 대량살상을 막고자 스스로 죽음의 길을 택하였다.

예장통합 총회장을 지낸 한완석 목사는 광주기독교비상구호위원회의 위원장이 되어 불필요한 오해와 시비에서 벗어나 구호 활동에 초점을 맞추겠다는 의지를 표명했다. 예장통합교단은 2,000만원의 구호금을 전달하기도 했고, 기독교사회단체도 수습을 위하여 노력했다.

1) 문용동 전도사

문용동은 호남신학대학 4학년생
으로 광주의 이슬로 사라진 사람이
었다. 그는 얼마든지 죽음을 피할
수 있었지만, 다수를 위하여 자신
을 희생하였다.

광주항쟁에 시민군이 창설되면

문용동 전도사

서 많은 무기가 시민군의 손에 들
어왔지만 가장 가공할 무기(?)인 TNT가 도청 지하에 보관돼 있었다. 문
전도사는 그 정도 양의 TNT라면 1977년 이리역 폭발사고처럼 광주를 날
릴 수도 있었다고 판단했다.

이에 문 전도사는 TNT의 뇌관을
제거하기 위하여 사태를 설명할만
한 폭발물을 들고 TNT를 가리키며
"이런 게 도청 지하실에 쌓여 있소"
라고 했다. 사태의 심각성을 알아
챈 계엄군은 요원을 투입하여 지하
의 뇌관을 제거하였다.

TNT 폭발물

뇌관을 제거하고 계엄군은 같이 떠나자고 했다. 그러나 문 전도사는 떠
나지 않고 끝내 도청에 남았다. 그러자 계엄군은 다음과 같이 말한다.

"아니 전도사님. 나랑 이런 거 알려지면 여기 있으면 맞아 죽어요. 아니
폭탄 제거하자고 할 때는 언제고 또 왜 여기 남겠다는 겁니까."

그는 가족들이 와서 가자고 해도 나가지 않았다.

"도청 앞 분수대에서 시체 32구를 보았습니다. 집에서 죽으나 여기서 죽으나 마찬가지입니다. 죽으면 태극기로 덮어 묻어 주세요."

문용동의 친구였던 윤상현 목사는 문 전도사가 "TNT가 있다"며 "신학도로서 신앙인으로서 끝까지 지키며 나갈 수 없다"라고 당시의 상황을 GOOD TV와 인터뷰하기도 했다.

출처, GOOD TV

계엄군은 27일 새벽, 도청에 있던 시민군을 향해 "투항하고 나오면 살려

주겠다"고 했지만 거짓말이었다. 계엄군은 투항한 시민군에게 총을 쏘아 댔다. 이 과정에서 문 전도사도 숨을 거두었다. 이처럼 문 전도사는 광주 시민을 살리기 위하여 자신을 희생했다.

2) 광주기독병원

광주기독병원은 5.18 민주화운동 기록관에서 사적 10호로 지정되어 있다. 그만큼 선교사들이 세웠던 광주기독병원은 그리스도의 정신으로 5.18 민주항쟁으로 상처를 입은 많은 시민을 살리는 데 안간힘을 다했다.

5.18 민주화운동 기록관에 의하면 다음과 같이 쓰여 있다.

광주기독병원 박물관

"이 병원은 5.18 민주화운동 당시 상처를 입은 시민들을 헌신적으로 치료한, 민주의료 현장이다. 병원에 있던 의료진은 일시에 밀려든 부상자를 치료하기 위해 침식을 잊었으며, 수혈할 피가 부족하다는 소식이 전해지자 수많은 시민, 어린 초등학생들까지 자발적으로 헌혈에 동참해 민주시민의 뜨거운 열정을 보였고, 긴박한 상황에서 광주시민은 남녀노소 없이 한 덩어리가 되어 서로 돕고 위로하였다. 이 병원은 항쟁 뒤에도 항쟁 부상자들을 가족처럼 치료하고 돌봄으로써 기독교 정신을 빛냈다."

광주에서 부상당한 사람들이 광주기독병원에서 치료를 받았다. 환자는 군부의 총탄과 구타에 의해 유혈이 낭자한 상태였다.

광주기독병원의 의사들은

광주기독병원

| 광주기독병원 | 출처:연합뉴스 |

한 명의 환자라도 더 살리기 위해 숨 가쁘게 움직이고 있었다.

광주기독병원과 대한적십자사 광주전남혈액원은 계엄군의 집단발표가 있었던 1980년 5월 21일 석가탄신일 휴일에도 병원 문을 열어 부상자를 돌봤던 이들을 기억하고자 헌혈 캠페인을 마련했다.

광주기독병원에서 5.18 당시 계엄군 총탄에 숨진 박금희(당시 17세) 양의 고교 후배들이 헌혈하고 있다(위 사진). 1980년 5.18 광주 민주화운동 당시 부상당한 시민들을 헌신적으로 치료한 민주의료 현장도 생생하게 전시되어 있다.

광주기독병원 5.18 의료활동 사진전

광주기독병원의 박물관에는 병원이 광주항쟁 시에 사상자를 치료했다고 적었다.

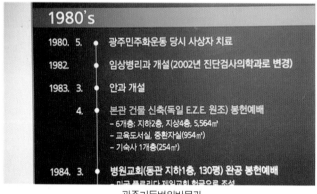

광주기독병원박물관

1980년 5월, 한국기독공보

3) 예장통합교단

예장통합교단에서는 구호금으로 부상당한 광주시민들을 위하여 2,000만원을 전달하기도 했고, 1980년 6월 1일은 기도일로 정하기도 했다.

예장통합 65차 총회에서는 광주사태의 평화로운 해결을 위해 전국교회에 기도를 요청하기도 하고, 대표자들은 타교단장과 함께 대통령을 만나 호소하기로 하고, 통합교단에서 위로 대표단을 파송하기로 했다.

대한예수교장로회 통합 65회 총회록

4) 베츠 헌틀리(Charles Betts Huntley, 허철선)

헌틀리 목사는 광주기독
병원의 원목이었다. 호남신
학대학에서는 상담심리학
을 가르치고 있었다. 그러
한 상황에서 5.18 항쟁을 만
났다. 5월 항쟁 당시 광주에
있던 외국 선교사들 대부분
이 각자 나름의 기록을 남겼

베츠 헌틀리 부부

다. 피터슨 목사는 그의 회고록에서 헬기 사격에 관해 기술했고, 언더우
드 목사 부부도 일부 출간된 비망록을 남겼다. 허 목사는 항쟁 내내 거리
에서, 그리고 광주기독병원에서 수많은 사진을 찍었다.

그 사진을 사택 지하실의 암실에서 현상했다.

허철선 목사 사택

사진을 인화한 암실

    오늘날 우리가 볼 수 있는 사망자와 부상자 사진의 대부분은 허 목사가 찍었다고 봐도 과언이 아니다. 헬기 사격을 증언한 피터슨 목사는 AP통신 테리 앤더슨의 통역을 맡아 광주를 누비고 다녔고, 독일어에 능통한 허 목사는 영화 〈택시운전사〉의 실존인물인 독일인 TV기자 위르겐 힌츠페터를 그의 집에 머물게 했으며, 그가 찍은 사진을 위르겐 힌츠페터에게 주어 힌츠페터가 사진을 세상에 내놓기도 했다.

    당시 독일 제1공영방송 ARD-NDR 동아시아 특파원으로 도쿄에 주재하던 힌츠페터는 녹음을 담당하는 동료 기자와 함께 서울에서 택시를 타고 광주로 향했다. 광주로 가는 길목이 모두 차단된 상태에서 택시 기사는 기지를 발휘해 샛길을 찾아 이들을 목적지까지 데려다줬다. 21일 광주에서 빠져나온 힌츠페터는 필름을 과자 상자에 담아 도쿄로 돌아왔다. 이튿날 독일

위르겐 힌츠페터

에서 영상이 방송되자 큰
파문이 일었다.

허철선 목사

이렇게 해서 광주의 진실
이 점점 외부에 알려졌다.
외신들의 역할이 상당히 컸
다. 허 목사는 2017년 유진
벨과 오웬, 셰핑이 안장된
호남신학대학교 동산에 안장되었다.

이처럼 광주항쟁이 사람을 죽이는 군부독재의 영에 의해 저질러졌지만,
예수의 영이 깃든 광주기독병원은 한 명의 영혼이라도 살려내기 위하여
노력했다.

예수의 영이 깃든 문용동 전도사도 광주시민의 목숨을 구하기 위하여
계엄군을 끌어들여서라도 TNT의 뇌관을 제거했고, 허철선 목사는 목숨
을 걸고 군부독재의 눈을 피해가며 광주참상의 사진을 찍어서 외부에 알
리는 데 큰 역할을 하였다.

문용동 전도사는 망월동에 묻혔지만 허철선 목사는 문용동 전도사가
다닌 호남신학대학에 안장되어 문용동 전도사를 대신하는 듯했다. 예수
의 영을 부여받은 광주기독병원, 문용동 전도사, 허철선 목사는 모두 광
주시민들의 생명을 살리기 위해 안간힘을 썼다. 예수의 영은 살리는 영이
기 때문이다.

제14장
유배지, 강진

제14장

유배지, 강진

1. 외국인 유배자 하멜

순천에도 하멜이 찾아왔지만 강진은 하멜이 7년 동안 머문 곳이다. 하멜표류기로 알려진 헨드릭 하멜(Hendrick Hamel)은 1650년 네덜란드에서 무역선을 타고 일본 나가사키로 항해하던 중 풍랑을 만나 배가 난파되어

하멜 동상

일행 38명이 제주도에 표류하게 되고 일본 탈출에 실패하면서 한양으로 왔다가 한양에서 동료 2명이 조정의 뜻에 거역하는 사건을 일으켜 강진으로 유배를 오게 되면서 강진에 직간접적으로 영향을 주었다.

그의 이동경로는 다음과 같다.

특히 하멜은 7년 동안 있으면서 그의 자손까지 생산하게 되고, 얼마 전 작고한 네덜란드인처럼 키가 크고 메부리코였던 남 장로라는 분은 자신은 하멜의 자손이었다고 말하기도 하였다. 그 남 장로의 자손들은 여전히

하멜의 이동 경로

존재하고 있는 상태이다. 하멜이 뿌리고 간 씨앗은 여전히 한국 땅에서 열매를 맺고 있다. 유진벨의 자손도 지금까지 한국에서의 삶을 누리듯이 하멜의 자손도 여전히 이어지고 있다.

하멜은 조선에 머무른 14년의 기간 중 7년을 강진에서 머무르게 되면서 강진에 많은 영향을 주었다. 그 중의 하나가 하멜 골목이다.

하멜 돌담은 돌을 쌓아 올리면서 틈을 메우는 우리나라 방식이 아닌 돌을 15도씩

하멜골목

기울여 네덜란드식으로 지그재그 쌓아 빗살무늬 형태로 견고하게 하였고, 돌담위에 우리나라 기와를 올렸다. 빗살무늬의 형태는 일명 '하멜식 담쌓기'라고 한다. 네덜란드식 돌쌓기 방식과 한국의 문화가 어우러져 '하멜 골목'이라고 불리운다.

하멜기념관 소개

  강진에 가면 하멜기념관이 있다. 강진은 하멜이 살았던 네덜란드 호르쿰시와 자매결연을 맺기도 하였다.

2. 내국인 유배자 정약용

  강진은 땅 끝이지만 실학을 완성시킨 정약용이 500여 권의 책을 저술한 곳이기도 하다. 가장 유명한 책이 목민심서, 경세유표, 흠흠신서이다.

  이 책들은 조선왕조의 사회현실을 반성하고 이에 대한 개혁안을 정리한 것이다. 이들 저서는 유학의 경전인 육경

흠흠신서

사서에 대한 연구와 사회개혁안을 정리한 것으로 형이상학적이 아니라 실사구시에 대한 것이다. 정약용 자신의 기록에 의하면 그의 저서는 연구서들을 비롯해 경집에 해당하는 것이 232권, 문집이 260여 권에 이른

다고 한다. 그 대부분이 유배기에서 쓰였다.

특히 《경세유표》는 국정에 관한 일체의 제도
법규의 개혁에 관해 논한 책으로, 정약용이
1808년(순조 8년) 유배지 강진군에서 집필을
시작하여 1817년(순조 17년)에 끝냈다. 처음에
는 48권으로 집필했으나 필사과정에서는 44권
15책으로 편집되었다. 여기서 그는 토지와 세
금문제를 거론하기도 했다.

경세유표

토지는 사회문제였다. 농민들
의 항쟁은 대부분 토지와 토지세
에 대한 것이었다. 그러므로 사
회문제를 해결하기 위해서는 토
지문제 및 농업문제를 해결해야
했다. 토지에 대해서 정약용은
정전제(井田制)를 토대로 하되
우선 부분적인 개혁인 정전의(井
田議)를 제시하였다. 정전의는
수확량의 9분의 1만을 세금으로

정전제

내는 제도로 토지만이 아니라 모든 산업에 과세해야 한다는 세수의 방
법론이다. 즉 세수의 방법이 근본적으로 개혁되어야 한다는 주장이다.

그는 정치 · 경제 · 사회 · 문화 등 역사 현상의 전반에 걸쳐 사상을 전
개하였고 그의 사상은 조선왕조의 기존 질서를 전적으로 부정하는 '혁
명론' 이었다기보다는 파탄에 이른 당시의 사회를 개량하여 조선왕조의

질서를 새롭게 강화시키려는 개혁론이었다.

비록 유지배지였지만 강진에서 정약용은 국가에 대한 희망을 저버리지 않고 실제적인 개혁을 추구하였고, 국가의 개혁에 희망을 두고 책을 저술하는 데 온 정성을 쏟았다. 특히 그는 서학과 실학을 통한 개혁을 추구하였다. 당대 최고의 지성인이었던 정약용은 한민족이 서구를 만날 때 희망이 있다고 판단하였다. 이처럼 땅 끝 강진에서 위대한 실학사상이 정약용을 통하여 완성되었다.

정약용은 강진에서 위기에 처한 조선왕조의 현실을 개혁하고자 그 현실 개혁의 이론적 근거를 확보하기 위해 선진유학을 비롯한 여러 사상에 대한 연구를 게을리 하지 않았다. 그가 유배과정에서 불교와 접촉했고, 유배에서 풀려난 후에는 다시 서학에 접근했다는 기록도 이와 같은 부단한 탐구정신의 일단을 보여주는 사례로 보인다.

서구를 만났을 때 그의 개혁 사상은 완성될 수 있다고 판단한 것이다. 정약용은 왕도정치에 따라 사회적 불평등성에 대한 문제의식을 갖고 있었다. 정약용의 토지개혁론은 상업적 이윤과 '자본주의적' 경영을 전제로 한 것으로, 농민에게 토지를 갖게 하되 양반과 상공 계층은 제외하고 농업을 통한 상업적 이윤을 추구하게 한다는 점에서 서구 자본주의의 영향을 받았다고 볼 수 있다.

정약용은 친구 이기경에게 다음과 같이 말한다. 서학의 기술과 과학에 관심을 많이 갖고 있다고 했다.

"사실 난 서학의 기술 과학 분야에 더 관심을 가졌네. 천문(天文), 역상(曆象), 농정(農政), 수리(水利)에 관한 기구와 측량, 실험하는 방법

등에 대한 해박한 지식은 정말 놀라우리. 그들의 과학기술을 받아들여 연구한다면 조선은 더 위대한 과학을 창조할 수 있을 거야."

정약용의 개혁 사상은 철학적 사유 내지는 역사관과 깊은 관련을 맺고 있다. 그는 서학의 영향을 받아 새로운 천관(天觀)을 제시하며 천명(天命)과 인간본성이 이중구조적 단일체를 형성하고 있는 것으로 파악하였다. 그는 기존 성리학의 입장과는 다른 인간관과 윤리관을 가질 수 있었고, 제반 사회개혁론을 제시할 수 있는 근거를 마련하게 되었다. 강진은 이처럼 위대한 대학자를 양성한 곳이었다.

3. 전라병영성과 동학농민운동

그 이외 강진에는 전라병영성이 있다. 전라병영성은 한 때 동학전쟁시 성이 불타기도 했다. 1894년 12월 4일

전라병영성

에 동학농민군이 장흥성을 함락하고, 이어 10일에는 병영성을 함락시키기도 하였다.

서문지(사진 : 문화재청)

　전봉준이 정약용의 경세유표사상을 읽고 동학농민혁명의 개혁을 추구
하였을 가능성이 많았던 것이다. 그러나 강진의 유생들은 고흥이나 나주
의 유생들처럼 동학에 대해서 부정적이었다.

　"학이란 공 서양의 천주학을 동학이라 개명하여 백성들을 현혹하고 있
다"고 하여 동학의 전파력에 상당히 우려를 하고 있었다. 강재 박기현은
1893년경부터 장흥, 강진 일대에까지 널리 퍼지고 있던 동학을 금하는 조
처로 김한섭, 김병휘
(金炳輝)(1842~1903)
등과 함께 향약계(鄕
約契)를 조직하였으
며, 한편으로 갑오년
당시에 동학농민군들
의 폐정개혁활동을 저

강진의 향약, 강회정

지하기 위한 유생들의 대응활동에 참여하였다.

특히 그는 1891년부터 1903년까지 매일 기록한 일기를 통해 구한말 장흥, 강진 일대 향촌 사회의 동향을 소상하게 남겨 둠으로써 격동하는 당시의 역사적 면면을 잘 보여주고 있다.

박기현의 일기

이처럼 강진에서는 1893년 동학의 교세 확산을 단속하기 위해 향약을 시행했고, 전주성 철수 이후 강진에서는 동학교도들에게 별다른 활동이 보이지 않았다. 강진지역의 동학농민군은 관이나 유생들을 압도할 정도의 세력을 형성하지 못하였기 때문이다. 그러나 장흥 동학농민군과 합세하여 1894년 12월 7일 강진읍을 점령하였으나 동학민들은 일본군이 온다는 소식에 바로 장흥으로 철수하였다.

동학농민의 병영성 점령이후 나주에 있던 일본군과 관군은 일본 '미나미 고시로'의 지시에 따라 강진과 장흥으로 진출하였다. 결국 동학농민군은 장흥 석대들에서 치열한 전투를 벌였으나 무기의 열세로 패배하고 말았다. 당시 전투에 참여하였던 김재계는 당시 상황을 회상하였다.

"십리 밖에까지 총알이 비 오듯 전후좌우로 참벌 우는 소리가 나며 사람은 앞뒤에서 턱턱 거꾸러진다. 어찌할 줄을 모르고 갈팡질팡 산을 넘어 산으로 해서 어젯밤 자정 후에 집에 돌아오셨다."

서구의 기술과 과학문명에 일찍 눈을 뜨지 못한 동학농민들은 서구에 대해 일찍 눈을 뜬 일본군의 무기에 속수무책이었다. 근대화 무기의 열세에 빠진 동학농민들은 패퇴하게 되고, 색출작전으로 많은 농민이 학살되었고, 병영일대는 시체들로 들끓었다. 강진은 모란꽃이 피기까지 봄은 찾아올 것 같지 않았다. 그러나 모란꽃은 피었고, 봄은 찾아왔다. 강진이 서구를 만나게 되었기 때문이다.

4. 김영랑의 고향, 강진

강진은 김영랑의 고향이기도 하다. 김영랑은 가장 땅끝에 있는 강진에서 태어나 1934년 《문학(文學)》지에 '모란이 피기까지'를 발표하였고, 1935년 간행된 《영랑시집(永郎詩集)》에 수록되었다. 그의 시는 다음과 같다.

김영랑 시

"모란이 피기까지는/나는 아직 나의 봄을 기다리고 있을 테요/모란이 뚝뚝 떨어져 버린 날/나는 비로소 봄을 여읜 설움에 잠길 테요/오월 어느 날 그 하루 무덥던 날/떨어져 누운 꽃잎마저 시들어 버리고는/천지에 모란은 자취도 없어지고/뻗쳐 오르던 내 보람 서운케 무너졌느니/모란이 지고 말면 그뿐, 내 한 해는 다 가고 말아/삼백예순 날

하냥 섭섭해 우옵내다/모란이 피기까지는/나는 아직 기다리고 있을
테요, 찬란한 슬픔의 봄을."

김소월(金素月)의 진달래꽃은 이별을 노래하고 있지만 김영랑의 모란
은 기다림을 노래하고 있다. 모란은 기다림의 꽃이다.

진달래는 이별을 상징하는 것이지만 모란은 기다림을 상징한다. 모란
은 희망이 있다.

나 보기가 역겨워
가실 때에는
말없이 고이 보내 드리우리다.

영변(寧邊)에 약산(藥山)
진달래꽃
아름 따다 가실 길에 뿌리우리다.

가시는 걸음 걸음
놓인 그 꽃을
사뿐히 즈려밟고 가시옵소서.

나 보기가 역겨워
가실 때에는
죽어도 아니 눈물 흘리우리다.

모란이 피는 오월이 가면, 또 다시 모란이 피기를 기다리는 봄은 시인이 살던 시대 상황으로 식민치하에 지식인들이 가졌던 실

김영랑 생가

의와 좌절감에서 벗어나 그들의 보람과 이상이 꽃 피기를 기다리는 날이기도 하다. 여기서 봄은 희망이다.

어두움과 절망의 순간에도 모란을 통하여 기다림을 버리지 않는 것이다. 영랑은 모란을 봄의 절정, 즉 봄의 모든 것으로 상징화하면서 삶의 보람, 삶의 목적을 거기에 귀일시키고 있다. 시인은 이 작품에서 '기다리는 정서'와 '잃어버린 설움'을 대응시키면서 당시의 시대 상황을 반영하여 해방의 날을 기대하기도 하였다. 그러므로 모란은 시인에게 희망과 기다림의 상징이었다.

땅끝에서도 시인은 희망을 저버리지 않았다. 경기도 양평 사람이지만 천주교 신앙으로 인해 유배를 당한 정약용 역시 새날에 대한 희망을 저버리지 않기 위하여 약 500여 권의 책을 쓰기도 했다. 특히 그가 쓴 경세유표는 동학난을 일으킨 전봉준에게까지 전달되었다고 한다. (홍동현, "1894년 강진지역 동학농민전쟁과 다산 정약용의 경세유표", 다산과 현재 2015. 12),

5. 강진의 교회와 배영석 목사

강진 사람들은 1900년 초 서구의
종교를 포교하기 위해 찾아온 서
구선교사들에게 한 줄기 희망을
맛보게 되었다. 강진 사람들은 서
양의 선교사들을 통하여 기독교를
수용하고, 재물도 얻고 잘 살 수 있
다는 새로운 희망을 얻게 되었다.
동학으로 초토화된 강진 땅에 복
음이 찾아온 것이다.

강진, 병영교회

당시 병영에는 최경화의 요청으
로 프레스톤, 오웬 선교사가 들어와 복음을 전하고 교회를 설립하게 되었
다. 강진의 병영교회는 선교사가 오기도
전에 주민들에 의하여 1902년 8월 19일 신
경문 씨 댁에서 첫 예배를 드림으로 시작
이 되었다.

선교사들은 작천면 마을마다 찾아가 하
나님 말씀을 전했고 이때 작천면 현산리
토동마을에서 살던 김영승(작천교회 초대
장로) 씨가 신도가 되었다. 1905년 김 장로
는 토동마을 함정골 자신의 집에서 7명과
함께 첫 예배를 드리며 신교를 시작했다.

작천교회

이처럼 강진은 주민들이 이미 전도를 받아 스스로 교회를 설립하였다. 땅 끝까지 이르러 증인의 역할을 한 것이다.

지난 1905년 강진 작천면에 설립된 한국기독교장로회 작천교회는 항일 운동의 근원지가 되었고, 작천면에 기독교가 전파되는 밀알의 역할을 하였다. 이후 1935년에는 병영, 삭양, 작천 세 교회가 연합하여 담임목사를 모시면서 교회가 크게 부흥하였다.

강진읍교회

유림이 주를 이루는 강진에 1913년 11월 17일 강진읍교회가 세워진다. 1914년 1월 탑동 207번지에 한옥 5칸을 구입하여 첫 예배당을 마련했다. 1917년 3월 초대 조명선 조사가 사역하게 된다. 1919년 4월 4일 3.1 만세운동 사건으로 이기성 외 13명이 구속된 역사의식이 높고, 믿음 안에 민족운동

강진읍교회

에도 힘을 썼던 교회이다. 또한, 1940년에는 신사참배 거부를 하며, 아편 판매 저지 계몽운동을 펼치기도 하였다.

1940년대	1950. 08. 06 공산당에 의해 배영석 목사순교
1940년대	1946 2대 배영석목사 1941 2대 전봉진, 최성모, 황복규장로임직 1940. 09 신사참배거부로구속, 아편판매저지계몽
1930년대	1938. 11 1대 김용석목사 1935. 03 7대 이남규조사 1933. 05. 21 제1차성전건축 헌당(건축비450원) 1931. 02 6대 윤용현조사 1930. 03. 30 초대김세열장로임직
1920년대	1926. 09 강진유치원설립(제1회임아모집) 1926. 09 5대 김세열조사 1925. 02 4대 김정관조사 1921 3대 오채규조사
1910년대	1919. 04. 04 3.1운동만세사건으로이기성외 13명구속 1918 2대 최복삼조사 1917. 03 초대 조영선조사 1914. 01 첫예배당마련, 땅둥20 7번지(5칸한옥구입) 1913. 11. 17 교회설립

강진읍교회 홈페이지

강진읍교회는 기장소속 교회로서 6.25 전쟁 당시 순교자를 낸 교회이기도 하지만 한 송이의 모란 꽃을 피우기 위하여 반독재투쟁에 앞장선 교회이기도 하다.

배영석 목사

배영석 목사는 1950년 8월 6일 공산당에 의하여 순교하게 된다. 배 목사는 곡성출신으로, 일제강점기에도 적극적인 항일운동을 한 사람이다. 그는 김재옥, 김원과 함께 3.1운동을 잇고자 3.1 상회를

배영석 목사 순교비

만들어 민족의 독립을 위하여 사업을 했다. 배영석 목사는 조선신학교를 졸업하고 해방 후 강진교회를 담임하다가 6.25 동란 때 인민군이 내려와 1950년 8월 6일 인민재판 때문에 총살을 당했다.

좌익이라는 이념을 통한 사단의 영이 그의 생명을 앗아간 것이다. 강진에 온 선교사들은 살리는 영을 가져왔지만, 좌익의 이념에 사로잡힌 자들은 죽이는 영을 가져왔다. 사단의 영은 제국주의,

하동 빨치산 기념관

이념주의, 독재주의를 통하여 사람들을 죽이는 쪽으로 갔다.

그러나 성령은 교회, 학교, 병원을 통하여 사람들을 살리는 쪽으로 역사했다. 오늘날도 교회의 본질, 기독교의 본질을 파괴하는 것은 좌익이라는 이념의 영, 어설픈 진보의 영, 바리새적인 교리와 윤리의 영이 있다. 죄가 계명을 틈타서 역사하듯이 오늘날은 죄가 윤리, 교리, 진보, 인권, 개혁, 언론 뒤에 숨어서 교회의 본질을 파괴하고 있다. 이념의 영, 윤리의 영, 교리의 영도 제국주의와 독재주의의 영처럼 사람을 죽이는 영이기 때문이다.

지난 3개월 동안 전남 지역군과 도시를 다니면서 120여 년 전 선교사들의 사역에 대해서 정리를 해보았다. 지금까지 많은 학자들이 정리를 하고 연구를 하였지만 이러한 연구를 토대로 하여 다양한 지역의 선교사들의 행전을 보여주고 싶었다. 그래서 가능하면 지역의 역사적 상황, 사회적 상황을 통해 선교사들의 행전을 추구하고자 했다. 역사 없이는 선교가 없기 때문이다.

미국 남장로교 선교사들은 풍토병으로 자녀들이 죽고, 아내가 죽고, 과로로 죽더라도 그 자녀들을 통해 계속해서 복음이 전해졌다. 레이놀즈, 전킨, 테이트, 해리슨, 잉골드, 유진벨, 오웬, 셰핑, 프레스톤, 멕컬리, 윌슨, 토플, 포사이트, 셰핑 등은 어둠의 땅에 빛을 가져온 사람들이다. 그들은 빛고을을 만들었다. 선교사들은 조선이 버린 나병 환자들까지 치료해준 사람들이다. 우리는 이들에 대한 빚을 잊어서는 안 될 것이다.

이들이 없었다면 조선의 근대화는 한 세기 정도 더 뒤쳐졌을 것이다. 선교사들을 통하여 서구를 만났을 때, 대한민국은 한층 도약할 수 있었다. 호남에 오신 예수는 동학, 한일합방, 6.25, 5.18이라는 사건 속에서 그들의 한과 눈물을 닦아주기를 원하셨다.

아픈 자는 치료해 주고, 무능한 자는 교육을 하고, 미신과 우상, 형식의 종교에 빠진 자들에게는 산 종교를 선택하게 하셨다. 전남 14개 지역 모두를 둘러보아도 눈물 없는 지역이 없었다.

일제를 통해서 죽고, 6.25를 통해서 죽고, 이념의 정쟁으로 죽고, 군부 독재를 통해서 수많은 선량한 사람들이 죽어갔다.

그러나 예수의 영을 안고 이억만리 떨어진 나라까지 찾아온 선교사들은 조선 정부가 버린 나병 환자를 치료해주고, 일제에 대항하고, 조선인들을 문맹에서 깨우기 위하여 신식 교육기관을 세우고, 살아있는 예수를 만날 수 있도록 교회를 세우기도 했다. 지금은 민족의 1/4이 기독교인일 정도로 선교사들의 사역은 대단했다.

호남이 예수를 만나고 서구를 만났을 때, 교회와 학교와 병원이 세워지고, 김일, 유제두, 박지성, 김원기, 최경주 등 세계적인 스포츠인들이 배출되고, 박화성, 목일신 등 천재적인 문학가가 나오고, 서재필, 황성수 같은 박사들이 나오고, 노벨상 수상자가 나오고, 나환자의 아버지 오방 최흥정이 나오고, 나아가 제도적으로 한국의 민주주의를 한층 앞당기게 되었다. 서구 선교사들이 호남땅에 기여한 면은 말할 수 없이 크다. 유진벨의 후손 인요한은 여전히 연대 세브란스 병원에서 일을 하고 있다.

요약하면 제국주의, 공산주의, 독재주의를 통해 흐르는 죽이는 영이 호남인들을 학살로 몰아갔다. 삼별초항쟁, 농민항쟁, 동학농민운동, 3.1운동, 11.3 광주학생의거, 6.25동란, 5.18 광주민주항쟁의 사건을 통하여 수많은 학살과 피해로 인해 호남인들은 고난과 고통을 당했지만 다시 일어섰다. 호남 이면에 선교사들이 전한 살리는 영이 있었기 때문이다.

전주예수병원, 광주기독병원, 여수애양원, 순천진료병원, 정명학교, 영흥학교, 수피아여고, 숭일중학교, 매산중고등학교, 100년 이상 되는 100여 개 이상의 교회 등은 모두 살리는 영의 업적물이다. 선교사들이 전한 예수를 통해 지금도 많은 목회자가 목회를 하고 있다. 교회를 통하여 수많은 영혼이 구원되었고, 병원을 통하여 수백만 명의 환자들이 치료를 받았고, 학교를 통하여 수십만 명이 문맹에서 깨어났다. 하나님은 선교사들을 통하여 호남을 살리기를 원하셨다. 이제 영남에 오신 예수를 추적하기 위하여 나의 신앙유산답사기는 영남을 답사할 것이다.

참고문헌

일반 논문

- 김권정, "1920~30년대 기독교인들의 사회주의 인식", 한국기독교와 역사 5.
- 김수진, "호남지방 교회의 역사", 한국기독교와 역사 3.
- 김호욱, "고흥군 기독교 복음 도래 역사 연구", 광신논단, 2019.
- 문경호, "삼별초에 대한 오해와 진실, 그리고 그들을 위한 변론", 한국사학보 59.
- 박동호, "5.18 광주민중항쟁과 교회의 길", 신학전망 185.
- 변화영, "일제강점기 박화성 소설에 나타난 민중의 일상성 연구", 역사문화학회 학술대회 발표자료집, 2004, 11.
- 서정민, "해방전후의 한국 기독교계 동향", 기독교사상 29.
- 서정민, "전쟁과 종교 신념의 문제 -한국전쟁 전후 한국사회와 기독교와의 관계 규정", 역사와 현실 99.
- 송현강, "순천의 개혁자 로버트 코잇(Robert T. Coit)의 한국 선교활동", 한국기독교와 역사 44.
  "남장로교 선교사 클레멘트 오웬(Clement C. Owen)의 전남 선교", 한국기독교역사 연구소소식 106.
  "미국 남장로교선교부의 유산", 대한기독교서회 기독교사상 701.
  "윌리암 해리슨(W.B.Harrison)의 한국선교", 한국기독교와 역사 37.
  "해방전후의 한국 기독교계 동향", 기독교사상 29(8).
  "한말, 일제강점기 목포, 영흥, 정명학교의 설립과 발전", 역사연구집 35집.

- 송호철, "근대 고흥 기독교의 수용화 활동", 인문학술 제4호.
- 양상현, "한말 부두노동자의 존재양태와 노동운동 – 목포항을 중심으로 –",
-         한국사론 14권, 1986.
- 유영렬, "기독교민족사회주의자 김창준에 대한 고찰",
         한국독립운동사연구 25.
- 이재근, "남장로교 선교사 존 크레인(John C, Crane)의 유산:전도자
         교육자 신학자", 한국기독교와 역사 45.
- 장세연, "광주학생독립운동의 중국 동북(만주)지역 확산과 한인 학생,
         민중운동 세력의 호응", 한국근현대사 94.
- 장주섭, "여순반란 사건과 6.25 전후의 체험기", 인물과 사상, 2000. 9.
- 정승현, "해방공간의 박헌영:공산주의의 한국화", 현대정치연구 5(2).
- 정향옥, "지역사회 종교활동 역사와 전망연구", 종교연구 80(2).
- 차종순, "전남 선교의 선구자 배유지(Eugene Bell, 裵裕祉) 목사",
         한국기독교역사연구소 소식 23.
         "린턴 : 4대에 걸친 한국 사랑", 한국사 시민강좌 34.
- 최선웅, "1920년대 초 한국공산주의운동의 탈자유화주의화 과정",
         한국사학보 26.
- 최영근, "미국남장로교 선교사 존 페어맨 프레스톤의 전남 선교에 대한
         연구", 장신논단 48.
- 표영삼, "장흥지역 동학혁명연구", 동학연구 6.

- 한규무, "518 광주민중항쟁과 광주 전남지역 교계", 한국기독교와 역사 37.
- 한규무, "기독교와 동학-연구현황 및 향후 과제를 중심으로",
  한국기독교역사연구소 소식 109.
- 홍동현, "강진지역 동학농민전쟁의 지역적 특성과 경세유표전래설",
  역사와 실학 67.
- 화니 이샤꼬브나샵쉬나, "한국공산주의 운동과 민족해방운동(1918-1945)에
  대한 러시아 한국학자들의 견해",
  한국독립운동사 연구 9.

단행본

- 김수진, 『광주전남지방의 기독교역사』, 한국장로교출판사, 2013.
- 김양호, 『전남기독교이야기』, 세움북스, 2019. 『목포기독교이야기』
- 소재열, 『호남선교이야기1892-2005』, 말씀사역, 2004.

교회사

- 보성읍교회   100년사
- 나주읍교회   100년사
- 광암교회   100년사

- 영흥교회   100년사
- 장천교회   100년사

기념관

- 광양 기독교100주년기념관
- 광주 기독병원박물관
- 나주학생독립운동기념관
- 동의보감촌
- 목포 근대역사관
- 목포 김대중노벨상기념관
- 서재필기념관
- 손양원 역사기념관
- 순천 기독교역사박물관
- 양동교회 역사박물관
- 여수 애양원박물관
- 유진벨 역사기념관
- 장흥 동학혁명기념관
- 하동 빨치산기념관
- 호남신학대학교선교사묘역